沙發客來上課

把世界帶進教室

楊宗翰——著

推薦序

堅持自身價值觀的浪漫

城市浪人共同創辦人　張希慈

第一次認識宗翰就是在網路上偶然讀到他在《空屋筆記》寫的故事，在他的日記裡，我看見了一種溫柔得讓我總想流淚敬之的美好生活信仰——探尋自己眞正需要的，把多餘的一切送給任何有需要的其他人。

我很緊張，怕用短短的篇幅沒辦法讓讀者知道我看了這本書有多激動。好幾次閱讀到一半，我都想停下來傳訊息給宗翰說：「謝謝你做了這一切、謝謝你的反思、謝謝你寫下了這些故事。」

我在書中看見一個人如何尊重所有的生命、感謝所有人的善意、共感每個人生命的曲折、接納自己對大千世界的無知、對未知永遠擁抱好奇心，最終再用行動將生命中遇見的所有人事物，用適合的方式再次回饋到世界當中。

在我自己過去四年的創業過程中，其實經常面對生活方式的妥協與改變。儘管我相信內在比外在重要，卻無法避免地在一次次演講前放棄T-shirt、改穿套裝；儘管我覺得食物不該被浪費，卻在與企業家們聚餐的過程中，因爲不好意思提出而目睹好多完整食物最終在活動後被遺留在桌上。「妥協」是我工作中面臨的最大挑戰。

所以，這本書最讓我感動的是宗翰在每一個日常生活的吉光片羽中，都堅持實踐了他的價值觀，極少妥協。在他眼中的世界，每個公民都有值得被理解與被愛的資格，每份物資都應該被好好善待，每個孩子都有被信任與被期待的機會。可想而知，擁抱這樣的「浪漫」，他的生活勢必充斥著來自這世界的「挑戰」與「質疑」，因爲與世界的習慣極爲不同。但是他迎接這些挑戰的方式，是繼續堅持著他的信仰，並且用行動與結果慢慢證明，這世界上人與人的互動可能很不一樣。我們可以在極簡生活中找到極豐富的生命，我們也可以在極陌生的關係中找到熟悉，我們也可以在停不下來的求學、工作中，找到永駐的信仰。

而他眼中的自己呢？如文中所說，愛是唯一你給得愈多，就會得到愈多的東西。在宗翰給了這世界他所有的愛之後，我想他已經如他書中所說的，成爲一個有特異功能，會讓任何人在他面前都選擇成爲好人的人了。

眞好，能認識宗翰，讀到這本書，眞的好幸福。

推薦序
讓各式各樣的可能性萌芽

波蘭女孩x臺灣男孩 在家環遊世界FB專頁版主、
《在家環遊世界400沙發客住我家》作者　葉士愷

告別學生生活將近十年了。仔細回想，對當時印象最深的回憶，好像就是念書考試。我總是竭盡所能，試圖寫出標準答案。答錯的題目，必須反覆演練，直到做對為止。

這樣追求標準答案的日子，也影響了我學生時代的人生觀。總覺得成功的人生只有一種答案，就是乖乖念書、乖乖考試、考上好學校、找到社會認同的工作。

這樣的劇本，正是人生的標準答案。

出了社會之後，開始接觸沙發衝浪，當了上百次沙發主，認識了上百位沙發客。這些來自世界各國的旅者，帶著他們的生命故事，住進了我家。有高中畢業之後，就一個人去澳洲討生活的德國女孩；有身無分文，靠著沙發衝浪、搭便車、打工換宿，就出門闖天下的俄羅斯情侶；有辭掉穩定工作，開著帆船來到亞洲，在印尼定居的比利時夫妻。

他們讓我知道，世界上有這麼一群人，正在做我想都沒想過的事。他們探索世界，也探索自我，試著找到最適合自己的生活。

我才知道，原來人生不只一種，世界上存在許多可能性。我的眼界被打開了，受到了他們的啓發，我放棄了原本高薪的工程師工作，開始爲自己的夢想打拚。

我常常想：如果在學生時代就能遇見這些沙發客，我是不是會更勇敢？是不是會對自己更誠實？我的人生，會不會有所不同呢？

年過三十的我，已經無法驗證這個假設了。

而這也是我聽說宗翰在服替代役時，邀請各國沙發客來大埤國中爲學生上課，這麼興奮的原因了。

不需要花大錢，也不需要出遠門。只要打開教室的門，並讓沙發客站上講臺，就能將世界上不同的觀點帶給同學們。對世界的好奇心、學習的動力、自身的夢想、各式各樣的可能性，都因此在學生的心中萌芽。

雖然這些沙發客和同學們只是萍水相逢，但我深信這些特別的經驗，都會成爲同學生命旅程中的寶藏。

現在，請跟著宗翰的腳步，一起踏上他爲大埤國中的學生，精心規劃的旅程吧！

「沙發客來上課」計畫

在大埤國中當替代役的那一年，我們透過沙發衝浪這個網站，邀請了將近二十位、來自十多個不同國家的外國旅人，到學校來和學生互動：來自瑞典的企業家、西班牙的惠普工程師、印度的程式設計師、日本的街頭藝人、法國的針灸師，還有烏克蘭的職業旅行家。

這邊的學生平常沒什麼機會接觸到外面的世界，對未來的想像往往非常狹隘。問他們將來想做什麼，得到的答案，通常不是農夫、就是開卡車送菜或是在附近的加工廠工作。面對與世界溝通的橋梁之一——英文，不少孩子也處於半放棄狀態。但這不是因爲他們不夠聰明、不是老師教得不好、也不是因爲課上得不夠多，甚至連那只注重讀、寫而不注重聽、說的教育方針，其實也稱不上是主要原因；學生之所以學不好，甚至不想學，是因爲根本不知道學英文是爲了什麼。

爲了考試成績、好高中、好工作、有國際觀……這些理由對學生們來說，一點意義都沒有，更何況，英文好不代表有國際觀，英文不好也不代表沒有好工作。

不只是英文，當前教育系統下的任何一個科目都一樣。

無論想教什麼，只要學生不想學，資源再豐富、老師再會教、學生天賦再好，都是白搭；相反地，只要學生想學，就算沒有資源、沒有老師，即使是不太聰明的學生，也會死命地把想學的東西學好。

其實邀請沙發客來學校和學生聊天，不是要教學生英文，或是提升他們的英文成績。我都直接在信件中告訴沙發客們，他們不是要來當英文老師的。這些外國旅人來到這間鄉下學校，其實只是和學生哈拉、拍照、介紹一下自己與自己居住的國家，這樣就可以了。只要學生有了和外國人聊天的意願，目的就達成了。

如果學生認識了一個外國人，爲了聊上幾句，會想辦法學英文；再來，爲了了解對方，會開始想知道他們國家在哪裡、有什麼樣的歷史；接著就會發現，爲了向外國人介紹自己的國家，便需要了解自己的文化及歷史。同時，他們需要廣泛閱讀，理解能力也因此提升；最後試著組織自己學到的一切，並完整地表達出來，讓他人理解。

一個學生如果可以做到這一步，就算成績不好又何妨？這份能力，比許多專業知識更有用，不是嗎？

相對於這些沙發客們，我們能帶給他們什麼？

大埤是一個許多臺灣人都不太會來的小農村，沒有壯麗景點，也沒有特殊美食；但這正是臺灣眞正的樣子，沒有經過任何雕飾、最平凡的臺灣。來這邊可以看到臺灣最平凡的學生平常是怎麼生活的，一起吃最普通的營養午餐，住在一般的臺灣家庭裡。

這種日常生活中每天都出現的東西——才叫作「眞的文化」。

所以，我們詢問這些外國朋友們來臺灣之後印象最深刻的地方時，聽到的往往不是阿里山、日月潭或是一些他們完全看不懂的華麗寺廟；印象最深刻的，往往是在學校裡和學生分享故事、吃學生們最討厭的營養午餐，或是中午到走廊偷窺傳說中趴在桌上睡覺的臺灣學生……這是花錢都買不到的體驗。

現在，我退伍了，開始在臺灣各地環島，到各地介紹沙發客和學生的故事。我正嘗試建構一個給外國沙發客的導覽地圖，我想在臺灣每個縣市都找一個比較偏鄉的點，也許是學校，也許是書屋、教會或是共學團，讓這些不想只是去罐頭觀光行程的旅人們，可以有一點不一樣的行程。

同時也連結在各地的人，有些人可以幫忙接待住宿、有些人可以幫忙翻譯，有些人則可以帶導覽。這一切，基本上完全不會有任何金錢的往來，因為驅使我們做這個活動的動力，一直以來，就只有好玩而已。

目前沒有打算把這個計畫做大。每一個縣市設立一、兩個點，對我來說就很夠了，我只是要成立一個不大不小的網路，連結信任我和我信任的人——看過太多把事情搞大後就控制不了、壞掉的案例了——反正這完全不是只有我才能做的事情，任何人都可以自己做。

每一次，當我們談到人口老化的偏鄉時，人們想到的總是更多開發、更多建設、更多資金來吸引更多觀光、消費……可是往往只換來更多破壞，以及依然窮困的生活。

眞的只能這樣嗎？

我想嘗試的，是一種不需要投資、也不需要成本，對任何一方來說都是獲益的模式。讓來臺灣旅行的沙發客，在各地都有機會體驗當地的生活，也讓各地的學生和居民有機會接觸不同的世界，一邊吸收不同的想法，一邊藉著與外國人分享，鞏固在地文化。

旅人對他鄉來說，絕對有比花錢消費更好的貢獻。

前言

在國外看見了世界，然後呢？

「你現在到底在幹嘛？」

高中的時候，腦中總是會出現這個聲音問自己。

「在念書。」

「為什麼要念書？」

「要考試。」

「為什麼要考試？」

「要上好學校。」

「為什麼要上好學校？」

「可以有好一點的學歷。」

「好的學歷，然後呢？」

「才有好的工作！」

我帶著些許怒氣，覺得這個話題終於可以結束了吧？

「好的工作……然後呢？」聲音竟然繼續追問。

「……才有穩定的收入。」

我開始有些遲疑。

「有穩定的收入，然後呢？」

「……我就可以過好日子。」

「什麼叫作『過好日子』？」

「可以做自己想做的事情了。」

「那你到底想要做什麼？」

「……我不知道……我眞的不知道。」

我發現自己幾乎念不下書了，不敢再往下想。好怕等到我眞的畢業、找到工作、賺到錢，可以做自己想做的事情時——才發現根本不知道自己想做什麼。

腦中的那個聲音也因爲我的遲疑而停止追問，反而重新回到第一個問題，然後不斷播送：「你現在到底在幹嘛……你現在到底在幹嘛……」

我要去旅行！

經過一番掙扎，我告訴自己的答案是：我要去旅行！

旅行其實稱不上是眞正想做的事情，但我想，這世界這麼大，我應該先到各地去看看，看看其他人是怎麼生活的，也許那些經驗能讓我知道自己眞正想做的事情。

於是，我眞的走出去了。

在大學四年間，我在臺灣走路環島、到印度沙發衝浪旅行、到了歐洲搭便車和打工換宿，最後到了克羅埃西亞，一邊乖乖當交換生去學校上課，一邊暗地裡和一群無政府主義者占領空屋、搞社會運動。

我看到很多東西，也認識了很多不一樣的人——印度有治安很好的地方，德國有浪漫得天花亂墜的夢想家，各式各樣的人都有。認識這些不一樣的文化以及不一樣的人之後，我變得比較可以站在各國人們的角度來思考事情，再從他們的角度回頭看我的家鄉和自己，才更清楚原來臺灣是個什麼樣的地方，原來，我是個什麼樣的人。

很多人說這個社會競爭非常激烈，稍稍停下腳步就拚不過別人；然而，我們從小到大一直在拚——拚成績、拚工作、拚薪水，我們拚命地向前跑，連「思考」自己要跑去哪個地方的時間都沒有，就拚了命地跟著身邊的人跑。

一直以來，路都不是只有一條

我很慶幸自己有這樣的機會，到國外看見不同的世界，學到很多東西。

然後呢？

回到臺灣後，我發現身邊許多人根本沒有同樣的機會，好比說我的家人，他們沒有那樣的條件可以讓他們到國外生活。

我在國外的時候很喜歡用沙發衝浪來旅行。不是眞的扛著沙發去海邊衝浪，而是透過沙發衝浪（Couchsurfing）這個網站，找到世界各地願意免費分享家裡空間的沙發主，與對方聯絡並獲得同意後，就能到沙發主家借宿，可能是睡在沙發、地板，有時也能有自己的房間。

對多數著迷於沙發衝浪的人來說，眞正吸引人的部分，是可以透過這個方式進入當地人的生活，和他們一起在城市裡散步、一起煮飯、分享彼此的故事，我們對城市的記憶不再只是教堂、景點或美食，而是一個個在當地認識的沙發主，一個一個的人。

對我來說，那樣的經驗是花錢住飯店或旅館絕對體驗不到的事物。

某方面來說，也是爲了回報之前那些幫助過我的沙發主吧，回到臺灣後，我從原本到處借宿的沙發客變成了接待人的沙發主，開始邀請世界各國的旅人到我家借宿。不過我是一個很不負責任的沙發主，通常不會帶他們去玩，不會帶他們跑景點，而是一早把他們挖起來一起去追垃圾車，上菜市場買菜，叫他們煮飯給我們吃。

我不把他們當觀光客看待，他們想出去玩就自己去，在我們家裡，就只是讓對方和我們一起生活，做一些很平凡的事。

除此之外，這讓我的家人不用到其他國家去，就能在自家見到世界各國的人，甚至品嘗世界各國的料理。看到一個外國人在我們家廚房，用我們平常使用的廚具，做出一道道難以想像的料理：西班牙烘蛋、平底鍋披薩、以色列Shakshuka或烏克蘭料理，對許多臺灣人來說，都是花錢買不到的體驗。

「你們家怎麼會願意讓外國人來借宿？」親朋好友會這麼問我媽媽。

「因爲我兒子之前在外面借住了很多人的家，所以我在幫他還債。」我老媽總是這樣回答。

就這樣，我們在家接待沙發客當還債。

直到有一天，我收到了兵單，並在接下來的不久後，認識了另一群沒有機會接觸世界的人們……

目錄

第二課

國際觀

外國的月亮比較圓？

第三課

理解

人因不理解而互相批判，因試著理解而學會尊重。

第四課

做自己

成為自己命運的主人。

第五課

以後

旅人對他鄉來說，絕對有比花錢消費更好的貢獻。

Lesson 1

溝通

溝通遠比語言重要。

為什麼學校裡有外國人？

沙發客｜Johannes
來自｜瑞士

二〇一三年年底，我在二十三歲的生日當天被送進成功嶺，認眞學著如何向左轉、向右轉以及菜渣集中。受訓一個月後，以菜鳥替代役的身分來到雲林縣大埤國中，開始爲期一年的服役生活。

一開始，的確是懷抱著有點浪漫的抱負，期許著即將到來的替代役生活。在澄清湖受訓期間，臺上的老師口沫橫飛地分享各種規範、注意事項以及其他學長的故事，我的心思總會一不小心就飄出去，想像自己到學校以後，可以教學生英文、分享之前在國外旅行和念書的故事，或在下課後幫學生做課後輔導。

我突然想起一篇令我印象深刻的TED演說：「眞想幫助別人的話，閉上你的嘴巴，聽就是了。」（Want to help someone? Shut up and listen.）之前沒有意識到，我那些自詡爲善意無私的付出，其實隱藏著一種上對下的傲慢，好像出過國、有點東西能夠分享或付出，人們就得乖乖讓我幫助才行——憑什麼？

我爲自己曾有那樣的想法感到恐懼，何況我只是個教育替代役而已，不是老師。

正式到了學校後，我收起了原本那一連串想法，乖乖地在學務處幫忙文書，在傳達室開門、關門，靜靜聽著校園內的種種，上學、放學時到校門口站導護給學生看。日子蠻輕鬆的，有很多時間可以做自己的事，比如說寫文章或是學外文。

然而，也因爲住到學校裡頭，我不太有辦法接待那些想到我的家鄉——臺中——借宿的沙發客，只能趁週末回家的時候偶爾接待。有一回，我答應一個瑞士沙發客說可以在週五放學後回臺中接待他。

「不過我當天早上就沒事了，有沒有推薦哪些地方？」他在訊息中這麼問我。

我一時之間想不到，就開玩笑說：「來我們學校和學生玩啊！」

結果他竟然說：「太好了，這一定超酷的。」

沒料到他的反應會是這樣，我趕忙跑去向學校主任報備，向她介紹沙發衝浪以及平常有接待外國人的事情，接著提到那個瑞士男生可能會來我們學校。一聽說有外國人想來學校，主任說：「眞的假的！他願意來我們學校嗎？」

我很擔心這樣會不會出事，結果主任拍了拍她的胸口說：「阿弟仔，你放心，有什麼事，就說是我叫你做的就好了。」

當天早上，來自瑞士的Johannes一進到學校，便立即吸引了全校學生的目光，連帶著他走在走廊上都是件會嚴重影響課堂的行徑。

這個才二十歲的男孩，已經在香港當了一年交換生，同時完成了碩士學位，在回瑞士之前跑來臺灣旅行。我帶Johannes到三年級的班上去，讓他簡單地用在香港學到的中文自我介紹，再請學生問他問題；如果不知道要問什麼，就由我代學生發問。

雖然這邊很多學生是新住民的小孩，但是他們平常根本沒機會接觸到這些金髮、碧眼、白皮膚，我們社會眼中「眞正的外國人」。而且，在不少老師和學生心目中，

外國人這個詞，幾乎就等於美國人。所以，像Johannes這樣子的外國人，當然就是美國人，當然就會講英語。

但事實可差遠了，Johannes的父母都是芬蘭人，他也在芬蘭出生，不過因爲這輩子大部分時間都在瑞士生活，基本上他習慣說自己是瑞士人，反正長相完全看不出來有什麼差別。

「可以不要用英文嗎？」有學生抱怨。

「當然可以啊，如果你們有人會說德文、法文或是芬蘭文的話。」

也許在大部分學生的眼中，Johannes像是一個臨時的英文老師。但對Johannes來說，英文卻是他除了中文以外，最不熟悉的語言之一。

我問：「什麼時候開始可以用英文與別人溝通的？」

Johannes說：「去年。」

即使瑞士在語言方面的教育的確比臺灣好一點，但對Johannes來說，瑞士的學校教育也無法讓他眞的學會說英文。即便是他在瑞士接觸到的外國人，大多也以德文或法文溝通，沒什麼機會用英文。所以Johannes在離開瑞士之前，其實根本不太會講英文。

Johannes：「我是在開始旅行以及到香港念書以後，因爲幾乎找不到會講德文或法文的人，我才開始使用英文和別人溝通。」

這群學生還問了一些胡鬧的問題，像是叫他唱歌或是問他喜不喜歡BL。這大概是他們第一次在現實生活中，看到有人眞的用英文溝通，所以大部分的學生都不習慣，即使Johannes講的幾乎都是簡單的單字，他們也應該學過，不過學生們好像還是沒辦法順利地將聽到的聲音和課本上的東西連結起來。

有趣的是，從這群小鬼頭的表情中可以看出來，這很可能是他們這輩子第一次、這麼努力想要聽懂這個不熟悉的語言。

結束當天簡短的分享，Johannes吃完午餐後先離開雲林，前往臺中。這是第一次邀請沙發客到學校裡，只有短短兩堂課的時間，拜訪三年級的兩個班。但真的是個很不錯的經驗，無論是對學生、對老師而言，對我也是。

我們可能沒辦法讓每個學生都出國去看外面的世界，但可以試著把世界帶進學校裡來。

就這樣，我開始邀請沙發客來我們學校，從一開始只是順便邀請住在我家的沙發客，到後來甚至主動尋找其他要來臺灣旅行的沙發客，結果，這漸漸變成了我在當替代役時，一項很重要的任務。

當Han提議來學校的時候，我非常興奮，我不知道他當時其實是有點開玩笑的，但這是個令我印象非常深刻的經驗。雖然這已經是兩年前的事了，但應該是我在臺灣印象最深刻的地方。學生們一開始有點害羞，他們不知道要問我什麼問題，直到我對學生說我住在Han的家裡時，他們突然竊笑，然後問我喜不喜歡BL還什麼的，氣氛就變得輕鬆許多了。我很驚訝地發現學生們竟然會對一個外國人的來訪感到如此興奮，我覺得我在學校裡頭好像是個電影明星。如果下次還有類似的機會，我相信我會更認真地準備如何和學生們破冰以及要分享的東西。

Johannes

誰是先學會文法才會說話的？

沙發客｜John
來　自｜美國

John來自溫哥華（Vancouver），但不是加拿大的溫哥華，而是美國的溫哥華；他也來自華盛頓，但不是東岸的華府華盛頓D.C.，而是在美國另一邊的華盛頓州。

他在韓國住了兩年，說著一口連韓國人都佩服不已的流利韓語，甚至還向日本朋友學了日文。而我對這位美國肌肉男最深刻的印象，來自於他極盡所能運用空閒時間的能力。

John只要一坐下來，發現沒事做的瞬間，就會馬上把他的中文課本拿出來讀；走在路上看著到不太熟悉的中文字，便會查書或直接念出來，問我正不正確。這傢伙學中文才幾個月而已，就已經認得臺灣路上半數以上的國字了，而且和學韓文、日文一樣，他完全沒有上過課、補過習，就只是這樣不斷向人搭訕、聊天，不斷用「學語言」來填滿零碎時間。

就這樣，他徹底打破我對「美國人都不學外文」的刻板印象；何況他會的語言裡，除了西班牙文和葡萄牙文以外，韓文、日文和中文，對他來說其實是完完全全不同的系統。

John大學讀的是解剖學，曾經是體操選手，還當過教練、下水道清潔工以及其他各式各樣的工作。

「你之後有什麼打算？」

「回去美國，我想要去念醫學系。」

臺灣有醫生當過下水道清潔工嗎？或者，臺灣有清潔工會跑去念醫學系嗎？

不過學生最有興趣的，不是醫學或解剖，而是John結實的肌肉以及他一直戴著的帽子。在這群死小孩哀求下，John脫下他的帽子，露出他有點稀疏的頭頂，對學生說：「你知道嗎？這是一種詛咒，我非常非常容易流汗，還有味道；手上毛毛很多，頭上毛毛又很少，所以……只好有大肌肉。」

他接著將眼前的小男生整個舉起來，放到他的肩膀上，示範如何當一個健身教練。

雖然John的中文已經好到學生可以用中文問，他可以直接用中文回答了。不過，我們還是盡量讓學生用英文問問題，有趣的事情就發生了。比如說有學生想要問他是哪一國人，但他不確定要怎麼問，就一定要先叫我過去，問我怎麼講才正確。

「是『Where are you come from』還是『Where do you come from』？」學生一邊舉著手，一邊和我咬耳朵。

「『Where do you come from』比較正確。不過又沒差，你直接說，看他聽不聽得懂就知道了啊！」我說。

「可是講錯了很丟臉……」

我們往往以爲這只是在臺灣，但其實絕大多數的國家都是這個狀況，就因爲考試時一定要標標準準地寫出「Where are you from?」或是「Where do you come from?」才是正確的答案，其他不合文法的「Where do you from?」或是「Where are you come from?」都不能被接受，所以學生們在心裡一直有個想法：如果英文沒有講得完全正確，外國人就聽不懂，可能還會被嘲笑。

的確，那兩種說法並不正確，但是又怎樣？不正確不代表聽不懂。直接對外國人說「Where you from?」，相信他們還是聽得懂。

當然，我們還是要盡量學習正確的用法，但絕對不是一味要求那些剛開始學英文的學生，講出合文法的句子，因爲這完全不合邏輯，試問哪個嬰兒是先學文法才會說話的？

先學會用已知的單字，拼湊表達出自己的意思；成功讓對方理解以後，對方會再教你正確的說法應該是什麼，這樣一來不就馬上學會了嗎？

John非常享受和學生互動的這幾堂課，他會不斷地想出有意思的話題、給學生看他的照片，或是表演啦啦隊給他們看，跟著他跑了四堂幫忙翻譯，結果反而是我自己快累趴了。

雖然說這只是第二次的沙發客來上課，除了原本就異常活潑的嗨咖外，多數學生都還是處於瞪大著眼睛但是不敢表達的狀態。但這也無所謂，我很清楚，國中時的我絕對不可能達成我現在對這群學生的要求。

我對他們說：「有辦法的話，就盡量試著和他們互動。但不要因爲講得不好就對自己失望。相信我，只要有辦法開口，你們就已經打趴一堆大學生了。」

很幸運的是，在這間有點鄉下的學校，並沒有像都市學校那種高壓式的成績競爭。比起學生的成績，這邊的老師更在意的是學生對上課氣氛的反應。所以許多老師都非常樂意暫緩課程進度，讓這些外國人來和學生聊聊天，就算學生可能沒辦法開口、可能沒辦法聽懂，但至少可以讓他們在國中階段的求學生活中，有一些不一樣的記憶。

有些人會問：讓學生和外國人聊天，他們的英文就會進步、成績就會比較好嗎？我不認爲學生會因爲一堂與外國人互動的課，英文成績就變得比較好。但同樣的，當過學生的我們捫心自問：難道眞的覺得，學生時期少上一堂正課，我們的成績就會變得很差、上不了好學校，人生或前途就會變得無法挽回嗎？

這些學生們畢業後，也許會忘記課本裡教過的大部分內容，但很可能會記得，曾有個有點禿頭的美國男生來到班上，把同學們舉起來，並對他們說：「去看看外面的世界吧！這個世界遠比你想像中的大。」

臺灣帶給我的好印象讓我認真地想要在這個地方生活，不過對一個不想教英文的美國人來說，這似乎不是一件容易的事。透過與學生的分享，我反而有機會更了解臺灣。我很意外臺灣人竟然幾乎都不會拼音，當然這有好有壞；好的部分，就是每個人都會很認真地教我用注音。不過我認為，如果能夠事先準備一些問題給學生的話，也許互動會更好一點，有些學生似乎很害羞，有些則是根本不知道可以問什麼。

John

全世界只有〇・〇八%的人會說斯洛伐克語

沙發客｜Andrej
來　自｜斯洛伐克

「爲什麼第一個瑞士男孩很正常，第二個美國人就禿禿的，最後就變成光頭了?!」看到新來的沙發客，學校裡那群整天等著看帥哥的小女生忍不住嗆我。

「妳們是看頭髮來決定一個男生帥不帥嗎？人家是剛剪頭髮好嗎！妳們有沒有聽過斯洛伐克？」我一邊走一邊問她們。

「那是什麼東西？水晶嗎？」

……那是施華洛世奇吧。

來自斯洛伐克的Andrej，當時才剛開始在亞洲半年多的旅行，臺灣是他的第一站。他在旅行的時候，除了拍照外，也會不停錄影，最後做成簡短的旅行影片。不過對我來說，Andrej最特別的地方在於他的飲食習慣。雖然說在旅行時，當地有什麼特別的或是接待家庭吃什麼，他就吃什麼，也很樂意嘗試各式各樣的食物，但是私底下，其實他是「生食主義者」（raw vegan），這是我第一次遇到這樣的人。也就是說，大部分時候，他只吃水果和沒煮過的蔬菜。

有一次——應該是酒後——Andrej和朋友爭論「人可不可以不吃東西」，他就和朋友打賭，說他可以五天不吃，他的朋友賭他絕對做不到，結果Andrej眞的連續斷食了五天，他沒有告訴我賭注是什麼，但從他的表情看得出來，這是個讓他引以爲傲的人生經驗。

不過，當一個人的腸胃經過這麼長一段時間沒吃東西，當然不可以馬上大魚大肉，必須從比較好消化的食物開始，慢慢地恢復腸胃功能，所以他恢復進食後的前兩天只吃水果。幾天後，等到腸胃功能恢復、可以吃其他東西的時候，Andrej卻發現：

「咦？這樣吃好像也沒什麼不好。」不用開火煮菜就可以吃飽，實在很方便。於是他就維持這個習慣到現在。

「當然，我也接觸了一些有關動物權利或畜牧業的相關報導，很高興我少吃一點肉，能為環境帶來一點正面的影響，但是真正讓我能夠持續這種飲食方式的主要原因，其實只是我覺得這樣很方便而已。」Andrej說。

我聯絡上Andrej，向他介紹我們的活動，邀請他來我們學校時，他很興奮地馬上答應，還和我在網路上討論了好多他想準備的內容。Andrej之前在斯洛伐克、捷克和德國就已經免費開過好幾次課程，教學生如何有效地學習新語言。他終於到了臺灣之後，先去臺中拜訪了他在中興大學當交換學生的弟弟，隔天就從臺中跑來雲林了。

Andrej先向大家自我介紹，接著介紹斯洛伐克，以及他們與鄰國捷克的關係，並提醒大家不要把斯洛伐克和斯洛維尼亞（Slovenia）搞混；他還認真地準備了簡報檔和學生分享照片，二年級的學生們一看到歐洲的房子和城堡就瘋了，看到雪也是。

演講最後，Andrej對學生說：「斯洛伐克只有五百萬人，而這個世界上有六十多億人，如果我只會說斯洛伐克語，這個世界上就只有〇．〇八％的人可以和我溝通，這樣不是很可惜嗎？但是，透過學習英文以及其他語言，我就可以到世界上其他美麗的地方去，認識其他美麗的人，我才有辦法認識〇．〇八％以外的世界，比如說臺灣。所以認眞學英文吧！不是爲了你們的老師、不是爲了你們的父母，而是爲了讓自己有個更有趣的未來。」

Andrej來的那天，剛好是三年級畢業典禮的前一天。早上所有學生都坐在體育館裡頭預演，我也在教務處忙得團團轉，沒時間陪他。我將Andrej帶到體育館，交給一個班級照顧，就回去辦公室幫忙了。一個多小時後回來看看他們的狀況，那群在課堂上完全沒辦法講英文的學生，竟然正劈里啪啦地和Andrej「溝通」，一下拿出手機請他玩「神魔」，一下教他怎麼用中文說「我愛你」。

我一坐下，負責接待Andrej的女學生就把我抓過去：「我完蛋了，我剛剛講錯了，好想死……」

「什麼意思？」

「剛剛我們隔壁班的女生在臺上表演小提琴，我竟然說：『She is playing the piano.』，我把小提琴講成鋼琴了啊！」她接著跟我說，很多東西她都不知道怎麼講，所以一直卡住，覺得很想撞牆。

預演結束之後，我帶Andrej去吃營養午餐，他一邊津津有味地吃著學生們普遍沒什麼興趣的鹹稀飯，一邊說學生們把他照顧得很好，尤其是旁邊接待他的女生英文說得很好，他很感謝她。

我頓時對那些原本只會問外國人「賭優來科BL」的屁孩學生感到無比佩服。

一年後，我將這篇文章放到部落格上，當天就收到一個訊息，之前那個把小提琴講成鋼琴的國中女生已經上高中了，她是在他們學校的電腦教室看到文章的，讀的當下，不禁尖叫出聲，她從來沒想到會有外國人說她英文講得很好。

我建議她拍張照片向Andrej道謝，我可以幫她傳過去。隔天，她把照片傳給我，照片中的她穿著高中制服，拿著一個牌子，上頭寫著斯洛伐克語的「你好」（Ahoj）以及

「Andrej謝謝」。

我將這張照片傳給Andrej，他那時已經回到斯洛伐克了。他同樣嚇了好大一跳，無法想像眞的有學生記得他。他寄回一張照片讓我傳給學生：Andrej拿著一張牌子「Hi, keep learning English, you are great!」

我覺得這個計畫對斯洛伐克來說也是一個很棒的啟發，我們也可以試著邀請外國人來介紹他們的文化。我覺得這會讓學生們比較了解外面的世界，同時也可以建立更好的尊重。我還記得那次Han騎著機車載我去學校，那是我第一次坐機車。我希望透過我的分享，有辦法啟發一些學生去學英文，為了他們自己而學，不是為了老師或是考試。在學校裡頭有個女學生英文說得很好，她幫助我很多，讓我印象很深刻。最後，中午我們在

吃營養午餐的時候，有一個自然老師很認真地教我用筷子，我現在都跟我的朋友說，我在臺灣的鄉下學校學會了怎麼用筷子吃飯。

Andrej

Hi Emily!
Keep learning English
You are great!
Andrej

金字塔的英文怎麼說？

沙發客——岳凱（Derek）

來自——美國

我去臺南找朋友的時候，意外認識了來自美國的Derek。這個中文名字叫作「岳凱」的黑人男生，一出口就是超流利的中文，瞬間把我嚇個半死。

「你中文怎麼這麼好？」

「我因爲Teach for China（爲中國而教）的計畫，被派到雲南教英文。那是一間好鄉下的學校，學校裡頭沒有任何一個人可以和我講英文，包括英文老師也不敢。我只好很認眞地學，反正我教小朋友英文的時候，他們也會教我中文，所以我就漸漸學會了。」

我們一起逛了老街，還到了海邊去爬一座高得嚇人的竹塔。竹塔是一位英國老師花了一、兩年的時間，用附近蚵農們原本要燒掉的廢蚵床搭成的，上頭還有一個長長的鞦韆可以玩。岳凱很迅速地爬到竹塔上頭的一張椅子，坐在那張特等席上看夕陽。我跟在他身後也爬了上去，突然想到一個問題。

「Derek，你會不會介意人們稱你爲黑人？」

「爲什麼這麼問？」

「我只是擔心會不會不小心說出一些話，讓你覺得有被歧視或不舒服的感覺。」

「完全不會啊，我本來就是黑的，這樣有什麼不對嗎？但是稍微讓我感到困擾的，是很多人看到我是黑人，就覺得我一定很會打籃球，或是一定很會唱饒舌樂。當然，這和很多美國人看到亞洲人，也不管是越南人還是韓國人，就認定他們一定會功夫，其實差不多。」

岳凱突然對著前方打了兩個正拳。他其實比較像是一個練功夫的人，不但有在打拳擊，還會倒立。

我問岳凱有沒有興趣來我們學校和學生聊天，他聽了也很興奮，說他也很想看看不同地方的學生。兩天後，我們眞的就約在火車站，把這位高高瘦瘦的黑人男生帶到了學校。

這大概是我帶過最輕鬆的一次沙發客來上課，因爲根本沒有我出場的必要。岳凱和學生分享自己在迦納出生，小時候搬到美國生活，後來到了日本學日文，又跑到中國雲南教起英文。

幾堂課下來，岳凱顯得非常輕鬆自在，他有豐厚的英文教學經驗，他知道怎麼用學生們學過的單字和文法表達，也知道怎麼讓學生自然而然地跟著他複誦；當然，他也可以先講一句英文、再一句中文，翻譯給學生聽；他還會試著把一個一個學生單獨「揪」出來，引導學生和他對話。

我從來沒有想過要邀請眞的「老師」來分享，也很意外岳凱竟然會答應。他說在雲南那邊，其實教得有點倦了，所以一改完期末考考卷，他就馬上跑到臺灣，好好充電。我也以爲，工作就是「面對學生」的老師們，來和學生互動或是分享時應該一點

都不覺得新鮮，甚至覺得有點無聊，所以對於在他的充電之旅當中安排他上課，我也有點擔心他會介意。

「不會啦！雖然幾乎是一樣的事情，但是心態不一樣。我在你們這邊還是在度假，不是你們這邊的老師，我不用擔心自己教得好不好，學生的成績有沒有跟上，更不用擔心其他老師或督學會來打分數，所以就不會累。」

讓岳凱印象最深刻的，是和一個國一小男生的對話。

「If you can travel, where do you want to go?」（如果可以去旅行，你想去哪裡？）

「Egypt. I want to go to Egypt.」（埃及，我想要去埃及。）

「Why do you want to go to Egypt? What do you want to see?」（你為什麼想去埃及？你想看什麼東西？）

小男生抓了抓頭，想了好幾秒，突然迸出一句：「Triangle building.」（三角形的建築。）

岳凱聽了超開心的：「Oh, pyramid!」（喔，金字塔！）

事後，他一直說他超喜歡這段。

多數的國中生，尤其是國一的學生，應該都不知道「金字塔」的英文怎麼說，但是學生可以試著用自己腦海裡現有的單字，拼湊出來一個也許不完全正確、但是人們可以想像或理解的敘述方式。岳凱理解以後，再告訴他正確的說法，學生馬上就能學會，而且一定印象深刻。

當天晚上，我和岳凱住進了老師家，陪老師的孩子們畫畫、胡鬧。隔天早上，我先成功說服他和我一起搭便車北上，再一大早跑到學校去，叫學生幫我們寫紙板，最後讓老師載我們到交流道去搭便車。

「Derek，如果你想用沙發衝浪來體驗當地文化、認識當地人，你可能要調整一下你的觀念。」舉著板子的同時，我這樣對岳凱說。

「怎麼會？沙發衝浪的宗旨不就是要體驗當地文化嗎？」

「這是之前一個德國沙發客告訴我的理論。你知道常態分布的高斯曲線吧，如果想體驗當地一般生活，我們指的通常是曲線中間占了六、七〇%的鐘形部分，但是如果用沙發衝浪，你會遇到的沙發客們，往往都是高斯曲線兩端的極少數人。」

「眞的嗎？所以你也不是一般人？」

「看情形吧。你想想看，你這次來臺灣認識的人裡頭，就有超過半數的人是會搭便車的，難道你覺得臺灣人有一半都會搭便車嗎？」

聽到這裡，儘管他正拿著中文牌子、對著來車比大拇指微笑，他仍大喊：「可是我是一般人啊！」

我抬了抬眉毛說：「喔，一個會講西班牙文、日文和中文、平常在中國雲南一個小村落裡頭教英文、現在在臺灣鄉下搭便車的黑人，眞的是再一般不過了。」

北上

英文說得不好，代表會說另一種語言

沙發客—Salva

來自—西班牙

「兩年前，我在巴塞隆納接待了一個日本人。他當時跟我說，他已經去過五十個國家。我這十六年來都在惠普工作，要像他那樣去那麼多國家，對我來說根本不可能。換個方式想，我去不了那麼多國家，但可以在家接待不同國家的人啊！所以我決定用接待五十個國家的旅人，代替去五十個國家旅行的目標。」

Salva是個住在巴塞隆納附近的西班牙人，他已經接待了四十多個國家的沙發客了，即將要達成兩年前設下的目標。即便他人在臺灣，還是將鑰匙交給鄰居，請他讓一個上海沙發客進他家住。

「你怎麼會想要來臺灣？」

「我已經接待過兩百多個沙發客了，最常接待的國家就是臺灣，已經接待過二十幾個。他們人都很好，也一直邀請我來，所以這次就換我來拜訪他們了。」

Salva從來沒來過臺灣，但他在臺灣卻已經有一大票朋友，等著見他、搶著要帶他出去玩，他煩惱的不是要住哪裡或是要去哪裡玩，他煩惱的是他的假期根本不夠他拜訪所有想要邀請他的朋友們。

不過，Salva還是決定在滿檔的行程內，塞進來學校的活動。他在出發前，就先在網路上和我討論要分享的內容，也問了我許多有關學生的問題，讓我感受到他對這件事的重視。

照往例，我帶著Salva到班上和學生聊天。他介紹了一些西班牙的文化和有名的人事物，並教學生一點西班牙文。下午，我則把他丟給一群正在排練英文話劇的學生，叫Salva當導演，那群學生後來還眞的得了名次。評審一定想像不到，我們竟然找一個西班牙人來幫這些國中生導這齣花木蘭的戲。

事實上，Salva可以算是目前為止來到學校的沙發客中，英文講得最不流利的。他在巴塞隆納的三十年來，幾乎沒有用過英文；直到兩年前，他開始接待沙發客，發現自己完全沒辦法與客人們對話，只能傻笑，才開始有意識地使用英文。漸漸地，他可以和客人講簡單的對話；再來，可以有自信地用英文聊天。兩年後的現在，他在臺灣的一間鄉下國中裡，用英文對著一群國中生介紹西班牙。

「我眞的從來沒有想過，我會有站上講臺給學生上課的一天，而且竟然還是在一個亞洲太平洋上、我從來沒來過的小島，用英文！」Salva結束之後，不斷說我們為他的人生開啓了新的一頁。

的確，學生們有時候會因為他的口音而聽不懂他在說什麼，當然學生的英文也常常讓Salva聽不懂，但我反而很期待這樣的狀況。Salva本身也經歷過自己英文很爛、怎麼講別人都聽不懂的狀況，所以他完全不會因為學生聽不懂而不耐煩。他極有耐心，用大量的肢體語言或是不同的說法和學生溝通，我甚至覺得，他已經練就了一身功夫——就算消音，光看他的表情和動作，就可以大致理解他在說什麼了。而這正是我最

希望學生們見識的，對我來說，這是遠比學英文或其他語言還要重要太多的能力。

除了學生會和沙發客互動，學校裡的老師也會。老師們有許多話題想和這些外國人聊一聊。通常老師們和沙發客聊天時，學生們也會圍著一起聽。當然，英文老師都能流利地用英文和外國人溝通，但英文老師的英文太好，對於學生來說比較像在表演特技。我很佩服一位電腦老師，他完全就是我想給學生看的榜樣——即使會的單字有限，但他講話方式很活，一句話說不出口，就用四句、五句話來描述。即使句子結構不一定每次都完整，但這正是我希望學生在精進文法、發音和字彙量之前該掌握的能力。我想讓學生知道，即便只是國中英文的程度，也已經足夠應付溝通了。

溝通，是除了語言之外，加上音調、語氣、動作、表情等一切的總合。例如英文，一個人可以只用最簡單的字彙加上表情，就讓別人理解，甚至可以完全不靠語言，只用嗯嗯啊啊之類的聲音加上動作來表達。相較之下，如果一個英文流利的人對上一個不懂英文的人，仍

堅持詞藻優美的表達方式，即使講得再好、再正確，只要對方不懂，其實不如一個不會講、但很努力要與對方溝通的人。

有的時候，為了真正地溝通，我們必須要學會如何在三兩句寒暄過後，便判斷出哪些是對方聽得懂的，那些發音可能必須要調整，有時甚至必須使用破碎或是錯誤的用法，好讓對方理解。

「Never make fun of someone who speaks broken English. It means they know another language.」（永遠不要嘲笑英文很破的人，那代表他們會說另一種語言。）

很多人怕自己有奇怪的口音，或是講錯會被笑，所以要嘛死都不講，要嘛花一堆時間，模仿美國人或是英國人講話。但我會說，如果遇到一個因為你英文講得不好、或是有臺灣口音就嘲笑你的外國人，甚至是臺灣人，真的沒必要委屈自己和那樣的傢伙做朋友。

當完小劇場導演，Salva又被一群一年級的學生拖去踢足球，我沒辦法到現場去看他們的情形，但是下課後，看到Salva滿身大汗地跑去買了好多點心請學生吃，我相信他們應該「溝通」得非常成功。

一切的起點：第一封英文email

將近十年前，國中剛畢業的我，跟著學校遊學團到了澳洲的阿德雷德，並住進寄宿家庭。和其他同學的寄宿家庭比起來，我的homestay有點不一樣，他們家的小孩都已經三十幾歲、各自有家庭了，home爸、home媽比較像是爺爺、奶奶的年紀。

home爸的工作是教人開飛機，雖然我沒有機會和他一起去飛機駕訓班，但我卻和他一起到了市議會，原來home爸同時還是當地的市議員。在我模糊的印象中，只記得裡頭開會的氣氛遠比我想像的輕鬆，而且議會餐廳裡頭的冰淇淋很好吃……

那是我第一次出國，也是我第一次實地用英文與外國人溝通。我完全聽不懂也講不出來，尤其澳洲口音又和我們平常學的差很多，good day、good day聽在我耳裡反而比較像good die（好死）。

但是home爸和home媽總是努力想讓我理解他們的意思，如果放慢速度還是聽不懂，就換個方式講，講到我終於喔喔喔開始點頭了，他們才放心。同樣地，即便我講得亂七八糟，他們還是會認眞地互相討論，試圖摸清我到底想說什麼。每當我這種「反正差不多就算了吧」的臺灣個性要發作時，他們反而會攔住我，要我再試著說說看。

我才意識到，在我眼前的這兩個外國長者，是眞的關心我在想什麼。

結束一個月的遊學回到臺灣，我的英文並沒有因爲在澳洲這個環境的浸淫下就突然變好。我的底子實在太差，而且我當時對英文不太有興趣。不過，回來的一個月後，電子信箱裡出現了一封英文的email。一點開，全部都是密密麻麻的英文字，遠多過我在學校時做過的任何一篇閱讀測驗。我坐在電腦前愣了半晌，跑到樓上，拿出那本被稱作英文字典的工具書，開始慢慢地一邊翻字典、一邊讀信（也一邊罵髒話）耗了快兩個小時，才終於看完那封信。其實整封信也只是home爸和home媽在講他們的近況、我們的回憶，以及簡單地問候我們這邊天氣好不好而已。

但是，惡夢還沒結束。我喝了幾口水，再度翻開字典，繼續一邊回信、一邊翻字典（還是一邊罵髒話）又花了快兩個小時，才終於完成了一封當時覺得通順，但現在看發現根本狗屁不通的英文email，把這封信寄給這位住在阿德雷德的市議員。

就這樣子，一封、兩封、三封，一年、兩年、三年，到現在八年了，我從原本什麼都不懂的準高中生，到現在大學畢業了，可以很自然地使用英文書寫，用英文和外國人聊天，才真切地意識到：「一個沒有動機的學生，怎麼教都學不起來；一個有動機的學生，不用教也學得起來。」

一天下午，我陪學生去參加木球比賽。在樹下一邊乘涼一邊用電腦時，突然就收到home爸的來信。

上大學後，我們大致維持著一年一封信的頻率。學生們看到英文信，全都興奮地圍上來看。平常的英文課文，他們可能連看都不想看。他們努力唸完一句，我就翻譯一句，才好不容易看完了這一封。

讀完信後我問他們：「欸，你們想去哪個國家？我找那個國家的正妹給你們看。」

我們開始用沙發衝浪網站，從住巴黎的沙發客中，找一個大家認為最漂亮的正妹。我帶著他們閱讀那個沙發客的檔案。

這邊絕大部分的孩子對英文都處於半放棄的狀態，但我不覺得這是因為他們不認眞或是老師教得不好，而是他們之中沒有半個人能回答爲什麼要學英文。就算生出了「要國際化」或是「以後工作會用到」這些答案，他們內心其實也壓根不信那是個好理由。

這邊的學生——應該說臺灣大部分的學生也是——其實只是需要一個能說服自己想學英文的理由而已吧？

當學生們一個一個回到場上去準備比賽時，我開始寫下這封信，傳回澳洲：

「八年了，當時我還是個什麼都不會的國中生，你寄來的每一封信，我都得花一、兩個小時查單字才看得懂；再花三、四個小時，才有辦法生出一篇勉強稱得上通順的回信。就這樣子持續了好幾年，謝謝你們這麼有耐心，陪我這個臺灣小孩玩。

對許多臺灣人來說，我已經漸漸成了『很有國際觀的人』，到過一些有趣的國家旅行、認識了一些非常有趣的人，當然也有了一些有趣的經歷。

如今，我可以很自在且迅速地理解你們寄給我的email，並且在五分鐘內寫完一封我確定你們一定看得懂的回信，當我在回信給你的同時，我身旁的學生們正像當時的我一樣，充滿渴望地想了解這個世界，我真心希望現在的我能夠幫上他們一些。

只是想告訴你們，謝謝你們，如果我真的有辦法幫到他們，那你們就是這一切的起點。

Han」

Lesson 2

國際觀

外國的月亮比較圓？

沒有誰比較好，起司和豆腐就只是不一樣

沙發客——安藝（Anais）、昆丁（Quentin）
來　自——法國

「有一次在土耳其搭便車，一輛警車開到我們的身邊停下來，問我們兩個在幹嘛。他們聽完以後也和一般人一樣，說我們不應該搭便車，太危險了。可是，那兩個警察不但沒有趕我們走，還直接站在路中間，對一輛一輛的來車招手。在攔車這方面，警察的能力勝過漂亮女生，因爲只要他們舉手，車子一定會停下來。結果，那兩個警察就眞的攔車下來臨檢，他問車主們要去哪裡，問完看一下沒事了，就讓車子離開。等到第三輛，他們聽到車主說出的目的地和我們要去的地方一樣時，他就直接叫那個車主開門，讓我們上車。臨走前，還告訴我們說這輛車應該很安全，而且已經記

下車主的長相和車牌了，有問題的話就打給他們警察局，然後對我們眨眨眼。」

在公園的長椅上，安藝（Anais）正和我分享他們最白痴的便車經驗，昆丁（Quentin）則在一旁，模仿那個被嚇壞的土耳其司機。這一對來自法國的情侶和我非常合拍，我趁著週末放假的時候，回到臺中接待了他們兩天。通常我接待沙發客，不太會帶他們出去玩；而且比起綠園道或是秋紅谷，我更常帶他們去我家附近的國小或公園散步；比起去夜市當一隻沙丁魚，我更常帶他們一大早去菜市場逛街買菜；比起去吃特色餐廳，我更喜歡和他們一起在家煮飯，讓他們看看一般的臺灣家庭都吃些什麼，我也能偷學世界各國的料理。

早上，昆丁向我示範了法國人最常見的早餐——可麗餅。他將麵粉、雞蛋和奶油放到盆子中攪拌，一陣子後將盆子交給我接手拌勻，一邊倒入牛奶，接著就去翻冰箱裡有什麼東西可以拿來搭配。不到一分鐘，他湊到我的身邊：「我來教你做臺灣版的可麗餅。」

說完他就打開一罐臺啤，一股腦地把酒倒進麵糊裡。

「為什麼放啤酒就是臺灣版的可麗餅？」

我看著麵糊在加入啤酒後開始微微起泡。

「因爲在法國找不到臺灣啤酒啊！」昆丁直接喝完罐內剩下的酒。

把切片的香蕉和蘋果包進啤酒可麗餅，那天應該是我們家有史以來吃過最認眞的一次早餐。

離開我們家之後，昆丁和安藝出發前往鹿谷山上的茶莊。本來打算拜訪完茶莊以後，再來學校，但是來的前一天，昆丁打了一通電話來，說安藝生病了，當天必須繼續待在鹿谷休息。我原本以爲安藝可能要休息好幾天才會好，甚至可能就沒辦法來了，結果隔天他們就起了大早，坐火車跑到雲林來。

學校主任聽到時，覺得超感動又很不好意思，搞不懂爲什麼他們堅持在身體不舒服的情況下跑來。

我帶著昆丁和安藝到了班上。他們介紹法國、還有旅途中遇到的人，並教學生一點簡單的法文。這次老師找來了地球儀，讓安藝可以用手指在地球儀上展示他們的旅

行足跡。

「你們猜猜看這兩位法國人是做什麼的？」

「畫家！」

「廚師！」

「英文老師！」

「做起司的人！」

臺下開始蹦出一個個學生們認為「法國人」應該要做的職業。然而，這兩位法國人眞正的專業，卻超出所有學生和老師的預期。

「你們聽過acupuncture嗎？在亞洲這邊比較常見，就是你們生病的時候，不是吃藥，而是用針刺在身上的某個部位，你就好了。我在法國，是個針灸師。」安藝如此回答，臺下一個個同學都瞪大了眼睛——怎麼外國人也會針灸？

至於昆丁，雖然他準備回到法國後要去當老師，但是他大學的時候，其實是學藥用植物和中醫。

學針灸的安藝和學中醫的昆丁，這次來臺灣其中一個很重要的目標，就是到國術館去學習、觀摩。然而，他們意外地發現，在這個被公認爲「最完整保留中醫文化」的國家裡，大部分的臺灣人竟然不太了解中醫，甚至不太信任中醫。

「當我來到臺灣後，我到處對人們說我想要去拜訪中醫診所，可是絕大多數的臺灣人好像都沒有去中醫診所或是中藥行的習慣，甚至很多人說不要學中醫，因爲中醫沒有用。我小時候身體非常差，是在非常偶然的機緣下接觸到針灸，才因此擺脫從小到大怎麼治都治不好的病，如果沒遇到那個針灸師，我可能活不到現在。所以，我才開始想要了解針灸。臺灣似乎非常努力地把中醫變成一種西醫，但是這兩種系統和思維完全不一樣。另外，我也不認爲西醫沒用，兩者各有優缺點，只是就我的情況來說，西醫並不適合我，如此而已。」

安藝他們在臺灣拜訪過好幾間國術館、中藥行，也到過大醫院裡的中醫科，卻苦於中文不夠好，許多東西聽不懂，安藝下定決心，回去之後要把中文學好。

法國有起司，臺灣有豆腐，兩者之間並沒有誰比較好、誰比較不好，但如果我們努力地想把臺灣豆腐變成法國起司，在披薩上頭撒滿豆腐拿去烤……這不一定是好事。許多時候，我們總認爲「歐洲的」就是比較好，「臺灣的」就比較差。把一棟棟傳統建築拆掉，蓋成一間間荷蘭風、希臘風的民宿；說要保存臺灣的傳統文化，例如客家藍衫、布袋戲、竹藝、中醫或原住民文化，但是保存的方式往往只是辦個展覽或文化季，把這些文化一個個變成文創商品，或是放到博物館裡。也許看似保存了什麼，但這些依然從我們的生活中消失了。不只在臺灣，這是世界各國都面臨的問題，每個地方的文化都正急速消逝，城市與城市之間的差異性愈來愈小。

最後，昆丁與安藝帶著學生們一起跳法國民俗舞蹈，放學後，幾個學生則跑過來教安藝跳他們要表演的街舞。

EUROPE
Anaïs
foreigner
FRANCE

曾經有人說：「保存種子最好的方式，就是把它種下去。」文化也是，保存文化最好的方式就是把它種進下一代的心裡。

我很高興能夠邀請到昆丁和安藝，讓學生能和這兩位大老遠跑來臺灣學中醫的法國人面對面，讓他們知道旅行不一定只有出去玩，還能夠透過旅行來增進自己的專業；讓他們知道中醫不只存在於臺灣，在歐洲也有許多人想要學習；讓他們知道不只有我們要學英文，其實國外也有許多人正努力學習中文。

如果學生有機會發現一些自己平常不會重視、甚至想要捨棄的東西，在別人眼裡卻受到如此大的重視，他們也許也會比較有動力，拾回那些漸漸消逝的文化記憶吧！

在烏克蘭，努力工作也沒辦法出國旅行

沙發客｜Orest和Marta
來　自｜烏克蘭

「不好意思，我們現在被困在香港。因爲烏克蘭籍的關係，他們不願意發給我簽證，除非有來自臺灣的邀請函。」

這封信來自一對烏克蘭夫妻，原本他們寄了訊息說要來我家借宿，我還期待也許能夠帶烏克蘭人到學校去。但來臺灣的簽證對他們來說似乎有點困難。

我大學時，也曾因爲一個計畫而得到去烏克蘭的機會，卻因爲簽證要到日本或中國去辦，讓我決定放棄，選擇到相對容易一點的印度。這一次，換烏克蘭人想來臺灣遇到麻煩了。

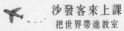

所以，我寫了一封看似正式的英文邀請函，簽名、蓋章、掃描後，傳給這對夫妻。我的家人還一度擔心把個資交給陌生人會不會有危險，說實話，我也不知道。我當下只是非常希望可以讓這對夫妻順利來到臺灣。

一個禮拜後，我又收到一封來自他們的訊息：「我們拿到了一個月的簽證了！我們把你的邀請函和其他申請表格，一起塞到那個領事館大姐的手上，她就給我們簽證了！相信你的邀請函發揮了功用。拜託一定要讓我們去向你道謝，我們也很樂意到學校去。」

幾天後，Orest與Marta順利到了我們家。他們一個月前才結為夫妻，Orest在前往亞洲的飛機上，聯合機上空姐和乘客向Marta求婚，讓這段亞洲旅行直接變成蜜月旅行。臺灣，是他們這趟旅行的第三站。

早上，我們一起上菜市場買菜，回家後一起下廚。他們倆做了一道在東歐很常見的料理，成品有點像是彩椒盅——將煮好的雞肉燉飯塞到挖空的彩椒，放在醬汁裡悶熟。我之前在克羅埃西亞吃過類似的料理，當時第一個蹦出來的想法是：「什麼？你們把滷肉飯塞在青椒裡面！」

ДЯКУЮ!
MARTA

吃飯的時候，我一邊和他們夫妻倆聊天，一邊翻譯給我爸媽聽。有趣的是，他們在我們面前互相交談的時候，也是用英文。我老弟後來說這頓飯讓他超緊繃，因爲Marta和Orest的英文講得超級快，他必須非常、非常認眞聽才跟得上。

Orest是法律系高材生，旅行經驗也很豐富，所以英文一直以來都很好。

「但我就不是了。」Marta說：「我在學生時期也學過英文，可是我眞的學得不好，大學畢業時還是完全沒辦法開口，甚至我們兩個剛開始旅行時，我也只能跟著Orest到處跑，因爲沒辦法自己和別人聊天。我們這次來，先到了一個香港朋友家裡，那位朋友完全嚇到，因爲兩年前認識的時候，我在他眼裡是一個完全不會講話的女生，結果第二次見面就可以用流利的英文聊天了。」

隔天，我帶著Orest和Marta到了學校，讓他們向學生介紹烏克蘭，以及他們旅行的故事。他們把在各個國家旅行的紀錄都做成影片，每部影片的質感都好到像是在看Discovery頻道。

這對夫妻在很多人眼裡就是人生勝利組：男的帥，女的美，一年有六個月以上的時間都在世界各地旅行，而且該玩的、該體驗的，一樣都沒少。學生或老師們都會下意識地認為來學校的沙發客是有錢人，才可以不用上班，到處去旅行；但大多數時候這樣的認知都是錯的，很多沙發客其實一點也不有錢，通常上大學以後，家裡就不再給他們錢了，所以很早就學會怎麼養活自己。工作了一段時間、存了一點小錢後，才出來旅遊，用盡量少的錢去體驗各種生活，甚至，對某些國家的人來說，旅行可能比在國內生活還便宜。當然，這樣的旅人通常來自相對富裕的國家，而Orest和Marta的情況則有點不一樣。

他們來自烏克蘭，一個原本與歐洲各國相比就較爲貧窮的國家，平均薪資只有一百二十歐元。同樣的資料顯示瑞士和挪威的薪資是他們的三、四十倍。雪上加霜的是，因爲克里米亞的戰爭，造成烏克蘭貨幣狂貶，原本就已經很低的薪水，現在放到國際上又變得更低了，就算當地物價再便宜，這個國家的人民眞的有辦法靠著「認眞賺錢、努力存錢」，然後買張足以抵上他們整年薪資的機票出國嗎？

至少遠比臺灣人難。

但是Orest和Marta卻有辦法長期在物價比烏克蘭高上許多的國際間旅行，甚至在我所接待的沙發客裡頭，他們算是非常富裕的。Orest和Marta通常住Air B&B、用沙發衝浪來交朋友、體驗當地生活，他們的錢到底哪來的？

Orest經營了一個旅遊平臺網站。烏克蘭國內的許多地方都只有烏克蘭文的介面或標示，所以不懂烏克蘭文的旅人，在當地旅行很不方便，而Orest的網站介紹了烏克蘭各大景點和當地文化，並教外國人怎麼辦理簽證、搭乘公共運輸，並提供代訂火車票、民宿或租車的服務。向遊客收取手續費的同時，業者也會因為Orest幫忙介紹而支付廣告費。不僅像是旅行顧問，也像線上旅行社。

他也將自己在各地旅行的故事放在平臺上，一方面吸引瀏覽人數，一方面也讓網友認識自己，知道他們本身是旅行經驗豐富的人，使他的推薦更能讓人信服。簡單說，他們玩得愈瘋，就會吸引愈多的客人及廣告費，賺到的錢就愈多。最重要的一點是，他們收的是歐元或美金，所以不會受到烏克蘭本國貨幣的影響。

「假如我們在烏克蘭工作，是絕對不可能有辦法出去旅行的。」Orest說。

也許，對某些人來說，單靠努力工作是真的沒辦法成功過好生活的，但是Orest提供了另一種可能性：「如果努力沒有用，那就試試努力以外的方式。」這不代表努力就不重要，也不代表換一種方式就一定會成功，但可以試著用另一種角度來看事情，也許就會得到不一樣的解答。

我和我的老公一起到了學校，向學生們介紹烏克蘭、我們的旅行以及文化差異。至於令我印象最深刻的事情是——臺灣學生中午竟然都趴在桌子上睡覺！說真的，我很驚訝臺灣學生對學英文竟然這麼積極，我希望烏克蘭的學生也有這樣子的機會。

Marta

最深刻的往往是日常

沙發客——秀蘭（Sooram）
來　自——韓國

秀蘭是一位喝醉酒後走在路上、會把偶然看到的巨大泰迪熊抱回家的韓國女生。就讀首爾大學，雙主修中文和電腦，有點神奇的組合。她在南京大學當交換生，中文雖然還不是很流利，但是超級標準，幾乎沒有口音！她說她上個暑假曾到上海交流，剛結束的時候，中文甚至講得比英文還好，現在反倒有點生疏了。

她先到我家過了一個週末，禮拜一才跟著我到學校去找學生。然而，當時是暑假，學校裡只有練球的校隊學生，而我當天又要站傳達室，沒辦法亂跑，於是我幾乎都直接把秀蘭丟給那些緊張得半死的球隊學生們照顧，還把原本應該是我要負責的拍照工作，都丟給這個韓國客人，自己就回到傳達室值班了。

中午，我帶她到學校附近的小吃店隨便吃點東西，她吃了一口麵後，立即抬起頭說：「這是我在臺灣吃過最好吃的食物！」很興奮地問我要不要也吃一口，我差點被她打敗——她點的是陽春麵耶！如果沒遇到她，我還眞難想像，有人可以因爲吃到一碗鄉下麵攤的陽春麵而開心成這個樣子。結帳時，我告訴小吃攤的阿姨：「以後可以說你們家的陽春麵，連韓國人都說讚。」

下午，另一群學生因爲聽到學校有韓國女生，而跑來學校觀光。雖然這次沙發客來，完全不是上課時間，她自己也完全沒準備任何要教給學生或分享的內容，就只是被我放在辦公室和學生聊天而已。一下子秀蘭教學生韓文，一下子變成學生教秀蘭中文，不然就是用手機找韓國相關的影片，問她有沒有看過。有趣的是，幾乎每個來這邊的學生都會講一、兩句韓文，似乎只有我完全不會，而且也完全聽不懂他們在聊的韓劇或韓星，結果秀蘭就和那群死小孩一起叫我「Ajussi」（大叔）。

我原本有點擔心，因爲在學校沒什麼事做，她可能會覺得有點無聊；結果當學生們問秀蘭「來臺灣覺得什麼最好玩？」這個韓國女孩想了一下，說：「來你們學校啊。」

「眞的假的，爲什麼？」

「因爲，在這邊很不像在旅遊，而且陽春麵很好吃。」

雖然帶外國人來學校和學生聊天，聽起來會覺得是「一些很好心的外國人放棄寶貴的觀光行程，來到鄉下做志工」，但其實對這些沙發客來說，這樣的行程反而比去阿

里山或日月潭還要難得、還要有趣得多。

每當有外國朋友來到臺灣玩，我們總會想要帶給他們最特別的體驗，所以帶他們去看臺灣最美的風景、最熱鬧的城市、品嘗最特別的美食，但是這些體驗往往不是眞實存在於我們的生活之中，我們不會每天都去日月潭，不會每天逛西門町，也不會每天都吃夜市。「沙發客來上課」專門讓旅人有機會體驗臺灣最平凡普通的生活。

之前我在國外的時候，因爲用搭

便車、沙發衝浪的方式旅行，讓我得以在旅行途中認識許多人。回到臺灣後，其實我對之前去過的景點、逛過的博物館或吃過的餐廳，不一定有很深的印象；印象最深刻的，反而是一些日常瑣事，例如和當地朋友一起買菜、一起煮飯、一起在公園散步，以及伴隨的談天說地。現在當我回想那些外國城市時，浮現在我腦海裡的，不是城市的地標，而是一張張在那裡相遇的臉孔。

雖然每個人的人生都不一樣，但不管來自哪個國家，大多數人都有過在學校求學的青春歲月，誰會不想知道自己國家以外的學生，是怎麼樣受教育的呢？我之前就非常希望能趁著在歐洲旅行的時間，拜訪當地的學校，可惜這樣的機會可遇而不可求。既然現在有這樣的管道，我就試著讓其他外國人來看看臺灣的學校是怎麼一回事。很多外國人在學生時期也被壓抑許久，通常對教育也有自己的想法，所以當我告訴這些沙發客可以來學校時，他們的興奮程度絕對不亞於學生們。

「想一想，我相信當你們出門旅行後，一定發現了很多事情，是你希望自己在學生時期就能知道的，來學校與學生分享吧！」

這邊的學生都好可愛又對我好友善，來到這邊好像變成了一個韓國明星，我可以感受到他們真的對韓國流行和文化非常感興趣，他們竟然還跳舞給我看，超厲害的。一開始，他們似乎不太敢講英文，但是他們教我玩遊戲的時候，非常認真地向我解釋，他們的英文其實很好。在我看來，這些學生很享受他們的校園生活，有著很棒的同學，就好像是電影裡面才會出現的學生。

雖然這已經是很久以前的事情了，但是這真的是我有過最棒的經驗之一。

Sooram 秀蘭

請問，你去過越南嗎？

邀請過許多外國沙發客來到我們學校之後，也開始收到來自臺灣各地學校的邀約，許多老師們其實也希望能讓外國旅人進到他們學校，與學生互動。

許多老師會說：「我們這邊根本沒有外國人。」但其實我們身邊很多外國人。

通常沙發客們到了學校後，我們會看每個人的情況，請他們介紹自己的工作、自己的國家，或是自身的旅行經驗。某次，來自烏克蘭的Anna和Bogdan向同學介紹他們在世界各地搭便車的故事，他們已經旅行過五、六十個國家了。

「你們有沒有特別想聽哪個國家的故事？我們可以介紹。」他們問。

一陣靜默之後，臺下有一個小女生緩緩地舉起手說：「請問你們有去過越南嗎？我想聽越南的故事。」

他們聽到後稍微愣了一下：「我們有去過越南，不過……為什麼妳會問越南？」他原本預期學生會問一些歐洲或南美洲之類的國家，結果是個離臺灣很近的國家。

「因為她媽媽是越南人啦。」隔壁的同學幫她答話。

女學生後來說，她媽媽雖然是越南人，但她從小到大都沒有聽媽媽講過越南的事。

我忘了Bogdan後來到底說了什麼故事，只記得我當下蠻難過的。為什麼必須讓一個完全陌生的外國人來向學生介紹她母親的家鄉？

結束之後，我向Anna和Bogdan說明，他們才了解原來臺灣有許多來自東南亞的媽媽們。如果他們和一般外國觀光客一樣，只拜訪大城市，絕對不會感受到這個現象。

在臺灣，當我們談到「外國人」的時候，我們腦海中浮現的不會是越南人或菲律賓人的臉孔。當我們向外國人介紹臺灣時，會提到臺灣最早的原住民、清朝時搬來的閩南人、客家人，以及隨著國共內戰來到臺灣的外省人，但我們常常忽略了這些來自東南亞的新住民，而且許多臺灣人不知道，新住民的人口數其實早已超過原住民了。

在人口逐漸老化、青壯人口外流的鄉下，留在當地努力耕耘、支撐當地的，大多數就是這些長年住在臺灣、卻很難被當成臺灣人的新移民。

當臺灣人和歐美人士結婚，我們會非常高興地認爲混血寶寶很可愛，小孩子很幸運，將來英文可以講得很好，甚至可能還會講德語或法語。但臺灣人與東南亞的外籍人士結婚時，人們卻常常質疑他們的家庭教育，或擔心孩子的語言發展；許多外籍家長不被鼓勵介紹自己的家鄉，甚至被禁止教自己的母語，因爲大人們擔心小孩可能因此學不好國語、臺語或英語。

「在韓國也是這樣子，有非常、非常多的越南女生嫁到韓國。」來自韓國的秀蘭也提到類似的事情。

我個人其實非常希望有機會讓來自越南、菲律賓或是泰國的沙發客，以旅人的身分來到學校與學生們分享，但現階段而言，這沒有想像中容易，多數能到學校的沙發客以歐美旅人居多，不是因爲東南亞的旅人少——近年有非常多來自東南亞的觀光客——但他們在臺灣停留的時間往往較短，比較沒有辦法花好幾個禮拜、甚至一個月的時間旅行，光是幾個大城市、大景點就跑不完了，更不用說來到學校。

的確，沙發客來上課計畫還是會以邀請旅人爲主，但在計畫之外，我也期待有興趣邀請外國沙發客的學校，可以先試著問問附近能接觸的到的外籍配偶或是移工，也許他們會嚇到，一時間不知道可以分享什麼，但我相信，當他們發現我們是眞的想了解的時候，一定有人心中也是期盼著能夠分享的。

「在德國，人們不會因爲你父母是外國人就覺得你多特別或多了不起，同時，小孩也不會因爲父母是移民而對自己的出身難以啓齒。」我想到一位德國朋友這麼描述德國。

身分證上的宗教欄

沙發客｜Syifa
來　自｜印尼

Syifa是沙發客來上課第一次出現的印尼人（終於出現東南亞了！），也是第一個到非學校團體分享的外國人，更是第一個我從頭到尾沒見到面、只透過網路聯繫來媒合的沙發客。

自從離開學校，開始在臺灣環島籌備「沙發客來上課」計畫以後，有各式各樣的新朋友和我搭上線。有些是想邀請外國人到學校的老師，有些是想接待沙發客的家庭，有些則是想幫忙當翻譯或是導覽的地陪。我們把大家串成一個小網路，漸漸展開合作的可能性。「好好地」是一間位於臺北捷運芝山站附近的工作室，常常舉辦各種

手作或是廚藝活動，讓在地家長們能夠一起學習，小孩則待在工作室的另一邊玩自己的。她們也很希望能夠讓參與的家長和孩子有機會與外國人互動。的確，平常我們都只專注在國中生這一塊，如果能讓學生和家長一起參加「沙發客來上課」，應該也很有趣。

所以我、Syifa和「好好地」喬好時間，找到了一天下午有一堂果醬課，就讓Syifa過去和大家一起學做果醬。

結束之後，媽媽們一起下廚做菜，教Syifa臺灣料理，晚上大家就一起吃飯，聽她分享。我們也找了一位熱心的地陪Ashley，她和Syifa一起過去參加活動，充當翻譯。以下是Ashley當天的紀錄。

Syifa在分享前有些緊張，一直和我討論應該要說些什麼才好，後來她決定簡單介紹自己和印尼文化，其他時間開放大家發言。一開始小朋友們都很害羞，不敢發問，都是媽媽們在問問題，但隨著分享愈來愈深入，小朋友們也開始對Syifa有了好奇心。

Syifa說這次來臺灣，是系上一堂必修課要求的，每個人都必須選一個國家待一個禮拜。其實她最想去的國家是韓國，但因爲被同學選走，後來才選擇臺灣。問她下一個想去哪個國家，她還是不假思索地回答韓國！

這是Syifa第一次一個人自助旅行，也是第一次嘗試沙發衝浪。在出發前她其實很緊張，但在上網查資料的過程中，她發現網路上對臺灣的評價很好，提到臺灣很安全，因此她才放心踏上這段旅程。

有位媽媽問她這段旅程有什麼收穫，希望她可以鼓勵在場的孩子也去旅行看看這世界。她說藉由沙發衝浪認識了很多新朋友、不僅是臺灣人，還有他們介紹的各國朋友，短短幾天內，她充分感受到臺灣人的好客與熱情。她一再強調沙發衝浪是很棒的體驗，鼓勵大家也可以當個沙發客。

這次的分享中，談論宗教占了很大一部分，其中讓大家覺得有趣的是印尼的身分證上必須註記宗教信仰。Syifa更直接拿出身分證讓大家傳閱，小朋友們似乎對這有很大的興趣，開始有很多的問題：「萬一一個人有兩個信仰怎麼辦？」、「一個人一生可以更改幾次？」、「如果沒有宗教信仰會被霸凌嗎？」

「你可以同時信仰不同的宗教，但你仍必須選擇一個登記在身分證上。」至於更改次數的問題，她說她也不知道，因爲她一直都是穆斯林，從沒改過。至於宗教霸凌這部分，她說大家普遍對於沒有宗教信仰者接受度很高，除了少部分觀念較爲傳統的人可能會有微詞，但通常不至於霸凌。

另外，談到臺灣和印尼的差異，Syifa說她覺得比較不適應的，是臺灣人好像很愛走路，而且走路非常快；反觀印尼，他們比較不喜歡走路，大多選擇開車、騎機車或搭車，而且印尼人走路的步調很慢、很悠閒。

「每個臺灣人都穿著運動鞋，隨時準備要跑步。」說完還生動做出跑步的動作，大家笑成一團。

其中讓我印象最深刻的是，Syifa拿出她去龍山寺求的籤，希望大家幫她解籤。不管是大小朋友都非常認眞地詳讀。媽媽們說，籤的意思是要她靜觀其變、保守行事，一切順其自然；Syifa驚喜地說和她在印尼問到的一樣，她說回去一定要和她爸媽分享。

進入分享的尾聲，大家問她這幾天去了哪裡、吃了什麼，大小朋友都非常熱心的提供她好多美食，像是永和豆漿、紅豆餅等。我們說一定要嘗試臭豆腐，她立刻擺出嫌惡的表情，但還是說她會試看看。我們也問她有沒有吃小籠包，一問出口就想到小籠包裡包的是豬肉，她擺出失望的表情，覺得很可惜。

不過Syifa說自己並不算是很虔誠的穆斯林，沒有那麼絕對。

「如果要給我吃豬肉製品的話，等我吃完再跟我說就好，哈哈！」她半開玩笑地說。

最後Syifa說要送大家一份禮物。她帶領我們做了一個小小的靜坐儀式，閉上眼將手

放在胸口，再往上放在額頭，最後移到頭頂按摩，希望我們用心感受體內的能量。我想這也是一種特別的交流吧！

從言談中可以感受到Syifa很有禮貌、眞誠待人，還是個很感性的人，最後離開時她說有點想哭，很開心有這樣的機會可以和大家互動，貼近彼此的心。

結束了當天的分享之後，隔天Syifa再度回去芝山，想要送他們一些從印尼帶來的紀念品，迷路了一大圈，問了好多路人，才終於找到工作室，結果裡頭卻沒有人。她只好將禮物留給鄰居代爲轉交。

當我一踏進好好地的時候，裡面的人非常熱情地歡迎我和Ashley，我覺得我好像不是在另外一個國家，而是在一個完全接納我的家庭。透過這個計畫，我相信我們住在一個沒有邊界的世界，我們可以分享一切，語言也不代表隔閡；在未來，我希望沙發客來上課計畫這樣的概念不會只有在臺灣，而是出現在世界各國，這對一個單獨旅行的人來說，真的是一個非常有意義的經驗。

Syifa

垃圾桶內的國際觀

「你知道爲什麼日本會那麼乾淨嗎？」

剛從日本回來的老媽問了她這個從來沒去過日本的兒子，我搖了搖頭。

「因爲他們街上都沒有垃圾桶。」她說。

「哈哈，我想如果你今天是剛從德國回來，你也會問我知不知道爲什麼德國那麼乾淨？然後這次的答案會是……因爲德國到處都是垃圾桶。」

才剛講完，有關垃圾的影像便湧入腦裡。想到印度那邊人們完全不管垃圾桶就在眼前，還是會理所當然地往地上丟；中國資源回收桶和一般垃圾桶裡，同樣塞滿各式各樣的垃圾；克羅埃西亞音樂季後布滿整個海灘的垃圾、帳篷、睡袋；北歐街上可能沒什麼垃圾，但垃圾桶內卻塞滿完全沒用過的東西或沒開過的食物；以及自己身爲臺灣人這個每次倒垃圾都像在練習百米賽跑加拋射的民族事實。

之前在德國，一位德國朋友和我們散步、聊天時，隨手將喝完的啤酒瓶放在路邊的垃圾桶蓋上面。這個舉動讓我閃過一個「爲什麼連把蓋子打開丟進去都懶」的疑問，而他似乎也觀察到我那稍縱即逝的皺眉。

「因爲那個垃圾桶沒有分類，所以可回收和不可回收的垃圾，都可能被丟在裡頭。在德國，有許多人會在垃圾桶裡尋找可回收的酒瓶或塑膠瓶，放在垃圾桶上，對那些要回收的人比較方便，也就不用擔心他們把手伸進垃圾桶裡時會被割傷。」聽完突然讓我感到慚愧，一開始不該質疑他不好好丟垃圾；但如果他沒有發現我的想法，我很可能就以這片面資訊誤會他了。

日本不是爲了環境整潔才不設置垃圾桶，而是因爲一九九五年東京地鐵沙林毒氣事件。政府爲了避免垃圾桶成爲設置毒氣或炸彈的地點，決定撤除在公共場合的所有垃圾桶。日本街道上有沒有垃圾桶，和街道乾不乾淨其實沒有直接關係。硬要說的話，日本人的習慣和觀念，才是讓日本街道保持乾淨的主要原因；同樣地，德國人的習慣和觀念，也才是讓環境整潔的關鍵，而不是垃圾桶的密度。

然而，不敢說臺灣人有多愛乾淨，但我們也不願別人說臺灣人都愛亂丟垃圾，因爲我們很清楚，在臺灣，就算是在同一個國家裡、同一個文化下，也會有各式各樣的人。

所以我們怎麼能說德國人和日本人就比較乾淨呢？

人們常希望透過出國旅行、念書或閱讀國際新聞，讓自己變得更有國際觀，但是片面的解讀，或帶有成見的接觸而培養出來的國際觀，到頭來可能反而加深自己對他人的刻板印象。

曾經一個美國人在我面前如此評論他自己的國家：「It is very sad that people don't know that there are not only right or wrong, but also different. Usually the things are simply different.」（很可惜的是，人們往往不知道這個世上並不是只有黑或白，還有灰色，事情往往只是不一樣而已。）

同樣地，這個世上也不是只有好或不好，國外的不代表就比較好，我們舊有的也不代表就應該完全被淘汰。我不在意擁有所謂的國際觀可不可以讓人變得更有競爭力，對我來說，國際觀其實是了解自己在其他文化的人眼裡是怎麼樣的存在，並且無論在別人諂媚或是鄙視的眼神下，仍然能不卑不亢地介紹自己。如果培養國際觀的方式，是要人不斷忘記自己是誰——沒有這樣的國際觀也許還比較好一點。

人的雙眼沒辦法看到自己，我們透過閱讀、旅行、認識不一樣的人，就好像遇到了一面面不一樣的鏡子，我們再透過這些角度各異的鏡子，慢慢認識自己。

曾經接受過不同國籍、宗教及社會階層的陌生人們無私的善意及協助，在心懷感激的同時，期許著自己將來也能如此；同樣地，嘗過單單因爲自身膚色、口音或國籍而被誤解，甚至被瞧不起的辛酸，才學會告訴自己千萬不能夠這樣子對待別人。

一步一步，我們終於體悟到：「我是臺灣人」不是一件丟臉的事情，但也不是一件多值得驕傲的事情。我是一個出生且生活在臺灣的人，就這樣子而已。

Lesson 3

理解

人因不理解而互相批判，
因試著理解而學會尊重。

老師必須什麼都懂？

沙發客——Vinay
來　自——印度

「你好，我是Vinay，我現在已經到斗六車站了，我放完腳踏車後，就會到你們那邊去喔。」

電話一頭傳來讓我嚇得半死的流利中文。Vinay之前在新加坡當電腦工程師，後來把工作辭了，在亞洲各國旅行。去過韓國、越南、馬來西亞、寮國及中國大陸，最後來到臺灣師大學中文。他在回印度前騎腳踏車環島，途中來到了我們學校。他只上了九個月的課就可以說得這麼好！想到我學了十幾年國文，還處在一種很悲劇的狀況，而他竟然還可以用中文寫網誌！

要不是大三去過印度，不然我對這個全球數一數二奇妙的世界，應該也和眾小鬼們一樣，完全霧煞煞。就連老師們，也對這個會講中文的印度男生非常好奇。

其中一堂課一開始，Vinay簡單地自我介紹說他的國家是印度。當他在黑板上畫出印度和新德里時，老師舉手發問了：「請問杜拜在哪裡？」

「蛤？」

「那個……杜拜在阿拉伯，離印度有點遠。」我分別向Vinay和學生解釋這個狀況，接著學生們就一陣爆笑。

講到印度食物時，Vinay提到印度吃素的人口很多，老師又舉手了：「印度人是不是都不吃豬肉？」

「不是豬肉，我們通常不吃牛肉，不吃豬肉的是穆斯林。」

學生們又發出爆笑。我當時也跟著笑，但是隱約發現怪怪的。

後來老師又第三次舉手：「你們是不是有食物，是很多肉串在一起，然後把肉削下來放在麵包上的？」

「蛤？」

Vinay再度對不到頻率。

「那是Kebab，沙威瑪……應該是土耳其那邊的。」

我再度向兩邊解釋。學生拍桌大笑，還一邊起鬨老師好傻好天眞。

此刻，我才發現事情已經嚴重到不可收拾的地步了。因爲接下來，老師不敢再問問題了，學生更是沒有一個敢舉手，而我當下完全不知道該怎麼處理這個窘境。

的確，老師原本對印度的印象有著不少錯誤，所以常常問錯問題，但那又怎樣？我相信有不少學生也不知道杜拜在哪裡、搞不清楚印度教和伊斯蘭教的差別，而且我確定絕大部分的學生，根本不知道沙威瑪是土耳其的。如果老師不問這些傻問題，我根本不曉得他們可能會把印度和杜拜搞混，或是把印度人和穆斯林混爲一談。就是因爲她問了，學生們才有機會知道這些啊！

Main
Bahut
I am very
我

「如果不讓學生犯錯，要怎麼指望他們學習？」一位無緣來到學校的土耳其沙發客曾這樣對我說。

因為我們不許學生犯錯，老師們更不被允許，搞得整個社會都處在一種「不做就不會錯」的擺爛泥沼裡。臺灣學生不敢舉手發言早就不是新聞了，而這件事情也不是單純由老師鼓勵就能改善。大部分的臺灣學生，包括學生時期的我，根本不願意在課堂上表達自己的意見。學生擔心問蠢問題被嘲笑，更擔心太積極發問、表達，會讓其他同學不滿：「你跩什麼？」所以寧願一知半解、繼續裝懂，這是一件非常非常恐怖的事情，不要再把這個問題推給什麼「臺灣人比較害羞」或是「學生不想學」，如果我們不再因為學生寫錯答案就責備他笨，而是為學生慶賀即將要學會了；如果老師不再堅持自己必須當個什麼都會的完人，而讓學生了解「老師也是會犯錯、需要不斷學習的普通人」，學生們會不會比較有勇氣，和老師分享他們的困惑？老師會不會也教得比較自在？

對我來說，一個好老師的價值，不在於本身知道多少，而在於能讓學生學到多少。

我向學生簡單介紹了印度，也教了他們一點印度語。學生們真的都精力充沛，我很高興能夠認識這邊的學生，並稍微了解了一點他們的世界觀。我變得可以理解為什麼很多學生無法認真學英文，學語言應該要很好玩、實用而且有互動才行，我建議不要只有短期的拜訪，長一點的時間才能幫學生培養更深入的世界觀。

Vinay

德國不是只有希特勒

沙發客—Leah
來　自—德國

Leah是一個十九歲剛要上大學的德國小女孩，也是我目前接待過最年輕的沙發客。她在德國出生、在美國長大，並在國中的時候搬到荷蘭去。所以對Leah來說，德文、英文和荷蘭文都是母語。

「但我搬去荷蘭的時候，年紀已經有點大了，所以我的荷蘭文就有一點口音，我妹妹當時才國小，她就完全沒有這問題。」Leah說。

Leah的爸爸似乎是個研究手機通訊這類領域的教授，因爲要來臺灣工作、蒐集數據，她便跟著過來。一個禮拜後，爸爸工作完要回去了，她竟然不想一起回去，反而

留下來獨自旅行。

　　我和她聯絡上的那天，她正在屏東搭便車要去墾丁。原本想說錯過了也沒辦法，怪我自己太晚和她連絡，Leah卻說她可以玩完東部再來我們學校，於是她在東部發生一連串胡鬧的事：睡麥當勞、睡小七，還在完全沒有人的電影院裡洗衣服，一路搭便車到花蓮，準備從中橫搭便車來臺中，結果等了好一陣子，經過的司機才告訴她中橫斷了，沒辦法走。

　　我原本擔心這樣太麻煩，叫她直接回臺北就好，但Leah很堅持要來看學生。她還眞的一路搭到臺北，又瞬間從臺北殺到臺中來住我們家，隔天我老媽再帶她去坐火車，來到雲林。

雖然她來的第一天完全沒有到班上去，因爲我當天要待傳達室，沒辦法到班上幫她翻譯。不過，倒是來了好幾位剛畢業的學生，Leah就在傳達室和他們聊天、彈吉他，這樣也和學生一起玩了半天。

隔天早上，她又坐火車跑了過來（前一晚還和我老弟去唱KTV），這次才終於有機會帶她去課堂上，聊她前幾天胡鬧的便車旅行，介紹了德國和德文，還用吉他伴奏教唱〈Hey Jude〉。

「聽到德國，你們會想到什麼？」Leah問了臺下的學生。

豬腳、香腸、啤酒……各式各樣的食物名稱從學生們口中冒出來。

突然，有一個學生說：「希特勒。」

「你知道希特勒什麼？」Leah繼續問。

「就殺人魔，不是嗎？」學生回答，接著全班開始起鬨互相喊著殺人魔。

所以說，在這群臺灣學生的眼裡，德國人只有殺人魔嗎？

Leah頓了一頓，說：「我雖然在德國出生，爸爸、媽媽也都是德國人，但是從小就在美國長大，所以我以前幾乎不覺得自己是一個德國人。直到開始旅行後，才漸漸有了身為德國人的感覺。我們在課堂上學到許多納粹時期的恐怖歷史，比你們所學到的還要詳細許多，那是一段我們都不太敢面對卻無法抹去的歷史。我們這一世代的年輕人，完全沒經歷過二戰，甚至東、西德合併時，我們都還沒出生，但許多德國年輕人一生下來，就要承受這些和他們一點關係都沒有的歷史罪孽，這讓他們不願意承認自己是德國人，許多人因此非常自卑，同時也有許多人變得自大，以保護自己。」

這位高中剛畢業的孩子，講到眼角都泛出淚光了。我勉勉強強將她說的翻譯成中文，學生仍然是一副似懂非懂的樣子，對他們來說，要理解這點，還是有點早吧？

剛好這個時候差不多下課了，我便陪著Leah離開，不忍心看到這個特地繞了四分之三個臺灣來我們學校的年輕女生如此難過。

她轉頭對我說：「我很清楚那些學生不是有心的，但你知道嗎？這就是最嚴重的

問題，人們竟然可以這麼輕易地讓一群人，如此輕易地去討厭、誤解另外一群人，而那群人甚至和他們被討厭的事情完全不相關……」

不過就在下一秒，她又瞬間變回先前那個天真可愛的女孩：「不過，他們以後就知道德國不是只有希特勒了，至少還有Leah。」

最近，臺灣有中學生在校慶時模仿德國納粹，甚至鬧上國際版面。但我覺得，就像那個把德國人都當成希特勒的學生一樣，那些學生都不是有心的，他們根本不知道他們眼中的玩笑，背後可能帶著多麼殘忍的傷害。我相信，絕大部分的學生，如果有機會多了解一點當時的情境，或是眞的有一個德國朋友、猶太人朋友，就絕對不會做出這樣的行爲，可惜的是他們不太有這樣的機會。

換個角度想，今天如果有外國人聽到臺灣，腦中第一個冒出來的想法是：「臺灣人都會在捷運上砍人。」我相信絕大部分的臺灣人都會覺得不太舒服。同樣地，爲什麼我們會覺得德國都是納粹、中東都是恐怖分子、印度都是性侵犯呢？每一個國家裡都有各式各樣的人，沒有一個人可以眞的代表整個國家全體，更別想要透過單一的新聞媒體，自以爲是地了解整個國家。

「沙發客來上課」最核心的目的之一，就是直接帶著世界各國的人們進到學校，讓學生有機會透過眞實的互動，了解這個國家，而不單從歷史課本上的文字來判定這些活生生的人們。

結束後，我帶Leah去交流道搭便車，胡亂幫她寫了一張紙條，讓她可以拿給不會講英文的司機看。

她突然說了一個她對臺灣的觀察：「在德國，任何人都知道一個人站在路邊、比出大拇指，就是要搭便車，但是很少人會停下來，一方面怕危險、一方面也怕麻煩；德國人總是覺得自己的事情比別人的重要太多了。不過你知道嗎？我發現臺灣人好像都不知道這是要搭便車的意思，但最有趣的是，他們就是會停下來，就算他們不知道我要幹嘛，有時停下來的人甚至也不會講英文。」

十分鐘後，她搭上了一輛車到了西螺，後座塞滿上百隻剛出生的小雞；三小時後，Leah傳訊息說她已經到臺北了：「我在西螺搭到一個和尚的便車，直接帶我到臺北去，我都沒想過原來和尚也是會開車的！」

我在臺灣搭便車環島的時候，被邀請到學校和學生聊天，那是第一次見到臺灣的學生。我覺得學校裡面男生穿藍色、女生穿粉紅色的衣服還蠻有趣的，看到一些臺灣學校與德國學校不一樣的地方讓我思考了很多。

Leah

一千七百輛便車中的壞人

沙發客｜Anna和Bogdan
來　自｜烏克蘭

禮拜天早上，接到一通陌生的電話。

「你好，我車子上有兩個外國人，他們請我打這支電話找你，我現在在圓環這邊。」

這對沙發客明明早上還在臺北，想不到還沒中午，他們就成功從臺北搭便車到我們學校來了——這速度實在是快得令人難以想像。

載他們過來的大叔不太會講英文，但他拿了一張紙條，寫下了自己的姓名和電話交給我：「如果他們晚上沒地方住的話，可以讓他們來我們家住。」說完就離開了。

Anna和Bogdan是被邀請到我們學校的第二對烏克蘭夫妻，年紀與Orest和Marta差不多。這兩對夫妻在烏克蘭都是名人，彼此認識但沒有見過面，想不到竟然會在短短的一個月內，先後來到我們學校。

Anna和Bogdan是我認識的人當中最專業的便車旅人。他們花了十四個月、搭了一千七百輛便車環遊世界，走過超過十萬公里的路程，其中還包括二十五輛摩托車、十幾次警車、一次救護車、一次運鈔車和一次裝甲車（當然，當時這三輛裡頭都沒病人、沒鈔票也沒火藥），更扯的是還搭過十二艘便船和一次從汶萊飛到杜拜的便機。

難以想像的是，他們這樣高強度的長期旅行，一整年花費竟然不到兩萬臺幣，這甚至低於許多臺灣人家裡一、兩個月的開銷，他們所花費的幾乎只有廉價航空和簽證費用而已。

就算省成這樣，但生活還是要錢啊，沒有上班的話要怎麼旅行？上次Orest已經說過，在烏克蘭就算乖乖上班也不可能有錢旅行。Anna和Bogdan其實也是一邊旅行、一邊工作，打工換宿、在當地教英文，在路邊賣紀念品、幫別人攝影，甚至打零工，反正他們需要的少，任何工作對他們來說其實都是一種體驗。他們也經營部落格，但純粹是記錄和分享。

「你們的家人怎麼看待你們的生活？」一個老師問。

「一開始他們非常無法接受，覺得應該乖乖找個工作、安定下來才行。他們只是擔心我們可能會後悔，或是過得很痛苦，但是出來旅行後，我們不斷與他們分享在國外的所見所聞、遇到的美好事物，現在親朋好友向他們問起時，我爸媽會很開心地分享，甚至因此感到驕傲。我覺得他們應該看得出來，這樣的生活讓我們比以前更開心、更幸福，他們漸漸就變得比較放心了，所以我想現在算是很OK了吧。」Anna說。

「你們搭便車都沒有遇過壞人嗎？」一個國一的小男生問。

Bogdan想起了一個故事：「我來說說我們遇過最可怕的人。那時我們在非常、非常偏僻的荒郊野外搭便車，那是一輛很破、很破的老車，你很難想像那種廢鐵竟然還可以催油門。車主是一個長相非常恐怖的魁梧大叔，一臉大鬍子、沙啞嗓音。最誇張的是，他的腰間就掛著手槍，而副駕駛座上，放了繩索、獵刀、汽油……再加兩把長槍！」

聽Bogdan的形容，像是來福槍或是散彈槍的感覺。

「在所有客觀條件下，這個鬍子大叔都是個絕對不可以搭他便車的危險人物。然而，就在他搖下車窗、與我們對視的那兩秒，我們便打從心裡相信他不是壞人了。於是我們上了車，那個大叔對我們說的第一句話就是：『不用擔心，我不危險。』」

原來，那個大叔之所以帶著那麼多武裝配備，是因為那邊是一個自然保留區，許

多人會跑到巨大的園區內盜採、盜獵，大叔為了保護那塊園區，常常得開著車子到處巡邏，驅趕那些盜獵者。

到頭來，那個鬍子大叔是動物保護人士。

「所以說，如果我們一開始，憑著外在因素認定他是壞人，我們之後就會對親朋好友說，我們差點讓一個帶著刀槍還有汽油的恐怖大叔載，人們就會覺得搭便車很恐怖。然而，我們選擇相信他，結果他不但一點都不危險，他帶我們回家，和他家人吃飯、留我們過夜，隔天還載我們到下一個城市去。」

說到搭便車或是沙發衝浪，我們常顧慮的是：這個陌生人到底是好人還是壞人？然而，對Anna和Bogdan這類極度正向的旅人來說，他們已經練就了一股磁場，不管他們遇到的人之前是什麼樣的人，他們都有辦法讓這些人，在他們面前開心且驕傲地當個好人。

即便他們搭過車上全是犯人的便車，甚至是黑手黨、流氓開的便車，還是有可能是好的便車。

我不覺得把世上的人分成好人或壞人有任何意義。如果可以的話，任何人都想當好人，不是嗎？

我希望能讓自己成為一個任何人在我面前都會變成好人的人。

「這個世界很好客。人們來自不同國家，說著不同語言，信仰不同宗教，但我們仍然可以是一家人。」Bogdan和Anna說。

當天，除了在班上與學生們分享以外，因應跨年，Anna和Bogdan還邀請學生一起拍一段影片。他們請學生對著鏡頭分別用中文、英文、臺語說新年快樂，Anna還找了幾個學生，教他們用烏克蘭語和俄羅斯文說。

「臺語要用什麼國旗？」Bogdan問我。做影片的時候，他們想在每種語言旁放上那個國家的國旗，我說我也不知道，就用同一個吧。

「話說，你知道烏克蘭國旗長什麼樣子嗎？」Bogdan突然問我。我搖了搖頭，我連德國或義大利國旗上那三個顏色的代表意義都不知道了，更別提烏克蘭。

「上面藍色、下面黃色的雙色旗，你知道這兩個顏色代表什麼意思嗎？其實這是你在烏克蘭會看見的景色——上頭是一大片藍天，下面則是一整片小麥（wheat）。」Bogdan很興奮地解釋。

「眞的假的？你們把大麻（Marijuana）放在國旗上?!」我很驚訝地問。

Bogdan聽到以後笑了出來：「不是weed（大麻），是wheat（小麥），拿來做麵包的啦。」我才發現自己鬧了一個蠢笑話，他接著又說：「如果眞的都是大麻的話，我們國家可能就不會那麼窮了。」

烏克蘭被稱作歐洲的麵包籃，整個國家就是個大糧倉，不太需要農藥，作物就能長得很好。我們這邊的國中生也許不一定知道車諾比核電廠在烏克蘭，但是幾乎都知道烏克蘭的黑土帶，這似乎是國中社會課本唯一提到烏克蘭的一句話。

「因爲很多因素，搞得烏克蘭明明很多人沒工作做，卻有一大堆耕地被閒置。我們的土壤眞的超肥沃、超珍貴，一年只收穫一次，就能產出那麼大量的農產，你可以想像嗎？二戰時德國占領了烏克蘭以後，第一件事就是建立連接烏克蘭到德國的鐵路，再用鐵路把烏克蘭的黑土一車一車地載去德國。」Bogdan說。

不要把穆斯林都當成IS

沙發客｜Ory
來自｜以色列

開始「沙發客來上課」計畫後，我將整個計畫的內容寫成一篇英文的文章，放在部落格上，讓外國旅人們可以透過那篇文章，事先了解計畫如何運作。

「你好，我是Ory，三十四歲，來自以色列的特拉維夫，我下個月會來臺灣旅行一個月，前面十天會和我老婆一起環島，她本身是一個俄羅斯裔的婚紗設計師；我老婆回去之後，我想要自己在臺灣繼續探索一段時間，剛好看到你們的計畫，請問我有機會參與嗎？」

Ory是第一個因爲在網路上看到文章而決定參加沙發客來上課的外國人，而他自己

其實從來沒有用沙發衝浪旅行過，某方面來說，我也成了他在臺灣的旅遊顧問，幫他規劃行程。幾個禮拜之後，我帶著Ory來到大埤國中。

Ory在以色列主要教授數學、畫畫和電腦，所以站在講臺上時，他可以很自在地一邊用粉筆在黑板上畫出生動圖畫，一邊向學生介紹以色列。

「請問你對IS有什麼看法？」

學生們聽到Ory來自以色列，好奇這個被穆斯林國家環繞的國家是怎麼看待這件事的，或者說，他們很想知道那個整天在新聞上砍人頭的組織到底在幹嘛。

Ory回答：「首先，當然IS裡的成員都是穆斯林，但是不要把穆斯林都當成IS，這是完全不一樣的事情。基督教的人怕IS，猶太人怕IS，但是穆斯林……也同樣懼怕IS。IS攻擊的並不是非伊斯蘭教的人，而是反對IS的人，即便他們都是穆斯林。我們以色列和穆斯林的確一直有很多衝突，但是我不會稱IS爲穆斯林，因爲這樣的說法很不尊重這世界上其他的穆斯林們。」

幾年前，我在印度住到一個沙發主家。那個印度媽媽說她之前在國外旅行的時候，許多人談到中東或東南亞時，都會煞有介事地說：「穆斯林很危險，貧民窟的人更危險，沒事不要和那些人接觸。」但絕大部分的時候，會說這種話的人其實根本就從來沒有接觸過穆斯林或是貧民窟的人。

而那個媽媽就是出生在貧民窟裡的穆斯林，那同時也是我當天借宿的地方。

「巴勒斯坦呢？」接著是老師代替學生發問。

「其實我愈是深入了解，愈是無法回答這個問題。我在以色列從小到大所收到的訊息，都是巴勒斯坦人很可憐，他們被控制了，我們必須要想辦法把他們解救出來，幫助他們。你們會聽到以色列軍隊攻擊巴勒斯坦的學校或是醫院，但那是因為他們先對我們發射飛彈，而他們的軍人就躲在學校和醫院裡頭，但即便如此，我們還是真的發射了……」Ory說。

我心裡默默浮現中國人民滿懷熱血想要解放臺灣，或是之前臺灣人慷慨激昂喊著要解救大陸同胞；我也想起在克羅埃西亞時常聽到當地人說塞爾維亞人很危險，他們之前殺了很多克羅埃西亞人，也聽到一個長年被克羅埃西亞人排擠的塞爾維亞人說，

Israel
Israel
We love Taiwan

他最要好的朋友就是被克羅埃西亞人殺死的。

誰對誰錯很重要嗎？這個世上許多問題不正源自於彼此都認爲自己是對的嗎？

結束分享後，以色列的Ory拿出了一幅幅的圖畫，說要送給學生們，那是一張張用英文或希伯來文寫著Taiwan、Israel的卡片。上頭有圖畫，還貼著亮片，看起來是出自幼稚園小孩的美勞作業。

「這些是我在以色列的學生做的作品，他們知道我要來臺灣以後，都叫我記得代替他們問好，所以我就讓他們畫一些圖，我再帶過來送給臺灣的學生。」

他竟然眞的從以色列把這些小朋友的禮物送到雲林來。

擁抱討厭你的國家

沙發客——桑原功一（Kuwabara Koichi）

來　自——日本

「你們聽過日本嗎？」這次邀請的日本沙發客站上了講臺，對臺下的學生問，臺下的學生們點點頭。

「那你們看過日本人嗎？」面對第二個問題，大部分的學生搖頭，有幾個學生說：「現在看到了。」

「那你們和日本人說過話嗎——喔，現在也有了。」大部分的學生笑著點頭。

他問了最後一個問題：「那麼，你們有摸過日本人嗎？」所有的學生都搖頭表示沒有，有些則被這個奇怪的問題戳到笑點，笑了出來。

他請學生們將手舉起來，接著走下臺沿著學生座位旁的走道，和每一個學生擊掌或握手，學生們一邊舉著手等他過來，一邊則好奇地觀察其他同學們摸到日本人的反應。有的興奮、有的冷淡、有的害羞、有的則帶點恐懼。就這樣，所有的學生都摸過了一次日本人。

「好了，現在大家都摸過日本人了，有什麼感覺？和你們的手一樣熱熱的吧？我們其實都是人，就算我們在不一樣的地方出生，講不一樣的語言，但我還是有心臟、有體溫，我的血液和你們一樣都是紅的，所以不要怕。」他對著臺下正在摸自己手心的學生們說。

這一次我們邀請到的沙發客，是來自日本的桑原功一（Kuwabara Koichi）。

這是他第三次來臺灣旅行。他之前在澳洲打工的時候，認識了許多同樣在打工度假的臺灣年輕人。那是他第一次面對面與臺灣人接觸，但他發現臺灣人對日本的了解程度，遠超過他的想像；他遇到的臺灣人幾乎都看過日劇或漫畫，對日本各地飲食和風俗略知一二，甚至幾乎每個人都會講一、兩句簡單的日文，但Koichi自己完全不知道臺灣有什麼，這讓他感到非常難堪。

緊接日本發生了三一一海嘯，伴隨而來的福島核災重創日本。不久後，來自世界各國的援助開始湧入，而在所有國家之中，捐款最多的國家，竟然是小小的臺灣！Koichi此時發現，他周圍的日本朋友竟然也和他一樣，對於這個在日本附近的海島是如此陌生，許多人對臺灣的地理位置、文化和政治完全沒概念，甚至有人連臺灣曾經被日本殖民都不知道。

於是，Koichi決定來臺灣旅行，他騎著一輛腳踏車在臺灣環島，帶著一個寫著「臺灣謝謝」的牌子在每一個經過的景點大喊：臺灣謝謝。Koichi將他在臺灣的環島計畫做成了一部影片，帶回去給他的日本朋友們看。那是他第一次來臺灣。

但這一次，Koichi來臺灣有其他計畫。當他和所有同學擊掌、握手之後，他拿出了牛皮紙袋裡頭的牌子——一塊大大的珍珠板上，左右分別畫著臺灣及日本國旗，上頭用中文寫了幾個大字：臺日友好，愛的擁抱。

Koichi將牌子高舉過頭，向學生們介紹Free Hug（免費擁抱）。他到過淡水、西門町

以及新崛江舉辦Free Hug，他計畫要到世界各地辦Free Hug。但是，臺灣不是他第一個辦Free Hug的國家，當他在日本決定要開始這個計畫的時候，他最先設定的兩個國家是中國和韓國——兩個被公認爲全世界最討厭日本人的國家。

「你瘋了嗎？一個日本人去中國抱中國人，你不怕被他們打喔？」他的日本朋友們都覺得他瘋了，幹嘛專挑對日本人最不友善的地方辦Free Hug？

但Koichi卻認爲這兩個國家就是最需要辦Free Hug的地方：「人們都說韓國人討厭日本人，中國人更討厭日本人，但那又如何？我們都是人，幹嘛一定要互相仇視？國家與國家之間也許曾經有過紛爭、不愉快，但並不代表這兩個地方的人們，生來就必須互相討厭。我想要證明給其他日本人看，即使是在這兩個地方，都還是有人願意接納我這個日本人，和我擁抱。」而他眞的成功了。

Koichi爲什麼有辦法環遊世界舉辦Free Hug？一開始，他就只是單純走到街上，和路人擁抱，路上的人不會給他任何一毛錢，雖然常有人請他吃東西、喝飲料，但是他基本上不會因此而有任何直接的收入。重點是，當他在這些城市辦完免費擁抱以後，他會將他在各城市和陌生人擁抱的畫面做成影片，許多日本人看了影片都大受感動，不敢相信有那麼多中國人和韓國人願意與日本人擁抱，甚至開始籌錢，爲Koichi募資，邀請他去別的國家、別的城市舉辦Free Hug。簡單講，有一群人拿錢拜託他去環遊世界。

當天Koichi來學校拜訪了四、五個班級，每一堂課他都會在最後放完影片後，再度將他的板子舉起來，直接在班上Free Hug，和學生們一一擁抱，一不小心沒控制好，那些小鬼還會整群失控暴走，蜂擁而上，幾乎快把他撲倒。而且第一堂課之後，每一堂下課，都會有一小群小男生衝到Koichi正在分享的教室門口堵他，等著他出來，要再和他擁抱一次。

看著那幾個一直傻笑的小鬼，我一面笑他們的胡鬧，一面卻想到——爲什麼這些國中生會不斷來和這個來自日本的陌生人擁抱？是不是因爲……平常根本不會有人擁抱他們呢？

擁抱不是一種藝術，也不算是一種才藝——的確也不能當飯吃——站在務實的角度來看，擁抱無法解決任何問題，但是一個如此簡單的擁抱，可能根本從來不存在於許多臺灣學生的世界中。

晚上，我和Koichi到老師家去借宿，吃完晚餐後，Koichi開始和老師的小孩分享他在其他國家的照片以及影片：澳洲打工、在東京迪士尼上班，或是在原始部落裡頭生活的影片。

「爲什麼想去迪士尼工作？」

Koichi才道出這一切的初衷。原本Koichi是一個國小老師，當他畢業拿到教師資格以後，他問自己：「我是一個學生期待遇見的老師嗎？」他當時覺得自己不是，於是，他開始想辦法讓自己成爲一個很酷的人。

「你想像一下，如果你的國小老師說，他曾經在迪士尼樂園工作過，你不覺得超酷的嗎？」

爲了成爲一個學生期待的老師，他開始旅行、環遊世界、開始了Free Hug For Peace的計畫。他說等他走完這個世界以後，他才夠格當一個很酷的老師。

我自己則覺得，這樣子的老師酷到有點太犯規了。

印度ABCD

當我帶著來自印度的Vinay準備前往下一個班級時，一個小男生湊到我們身邊，偷偷問我：「爲什麼這個外勞會講英文啊？」

「不要叫別人外勞，你知道他是哪一國人嗎？」我作勢要彈他的額頭，他躲開了以後對我搖頭。他應該不知道這個世界上，每年有多少人專程跑到菲律賓去學英文。

「他是印度人，你知道印度人講什麼語言嗎？」我說。

「印度話！」

「印度語有一千多種，我們鈔票上就有十幾種印度語，我可能聽不懂其他印度人講的印度語，所以你知道我們和其他印度人溝通都用什麼語言嗎？」Vinay直接用中文加入我們的對話：「用英文。」

「話說，你中文這麼好，應該可以當英文老師打個工吧？」我問Vinay。

「我還蠻想的，不過似乎沒有辦法。臺灣認定的英文母語國家，只有英國、美國、加拿大、澳洲和南非，即便許多印度人眞的就把英文當母語，但是我們在臺灣是沒有資格教英文的。」Vinay回答。

聽完Vinay這麼說，我說起一個朋友的故事。那位朋友的父母是香港人，但是他從小在英國生長；念完大學之後，他在旅行時交了一個法國女朋友，兩個人一起到了臺灣生活。他們開了一間補習班教小朋友英文，許多家長都指名要法國女朋友教，但其實他的法國女朋友英文沒有很好。

我們一邊聊，一邊到了下一間教室，Vinay說他突然想到一個可以和學生分享的東西。

「你們知道ABC是什麼嗎？」Vinay問學生。

「就是那些從小住在美國的臺灣人嘛。」臺下的學生笑著回答。

「對，印度也有，不過我們叫他們ABCD。」

ABCD是什麼東西？

在臺灣，我們常常稱那些在國外長大的華人做ABC。原本我很單純地以爲是因爲喝洋墨水的華人整天講英文、用ABC，才被這樣叫的；後來才知道，ABC指的是America Born Chinese（美國出生的華人），所以ABC這個詞基本上只有我們可以用，就是華僑的意思。

印度人的ABCD又是什麼意思呢？

Vinay說：「其實也有非常多在美國出生、長大的印度人，但我們不是叫他們ABC，而是ABCD——America Born Confused Desi，美國出生的困惑印度人。『Desi』基本上是印度人的意思，至於中間的confused，是因爲這些印度僑民雖然在美國出生、長大、拿著美國護照，但是他們常常搞不清楚自己是什麼人。在美國人眼裡，因爲他們的長相，他們永遠都是印度人，常常有人遇到他們就說：『你什麼時候要回印度啊？』但他們可能從來沒有去過印度；有些ABCD長大以後到了印度，卻因爲不會說印度話，也不習慣用手吃飯等印度文化，所以印度人也不把他們當印度人看，問他們說：『你什麼時候要回美國？』他們在哪個地方都找不到歸屬感，不知道自己來自哪裡，於是，他們才會如此困惑（confused）。」

很難不令人聯想到「亞細亞的孤兒」。日治底下的臺灣人，在中國被當日本人，在臺灣又被日本人當中國人，高砂族可能又更加無奈。

同樣的移民問題，在香港卻是整個反過來。來自香港的沙發客曉瑩說，香港人所謂的新移民，指的常是那群有錢到爆炸、在香港買房炒房地產、硬要住進香港的大陸人。他們的政府甚至發公文告訴學校，因爲這些新移民聽不懂廣東話，所以學校上課「必須」講普通話，不然要罰錢。

這個草案當然馬上就被罵翻。

然而，那些所謂的權貴大陸移

民，其實只占香港大陸人一小部分而已，大部分的人其實也一樣辛苦地在香港討生活；而政府這種親中的態度，不但沒有帶給他們任何好處，反而讓他們遭受香港人歧視。多數在香港生活的大陸人，其實都不是既得利益者，但這些港人們最常接觸到的大陸人，往往得承受大多數港人對少數大陸權貴的憤怒，講普通話買東西會被白眼，甚至也有學校不准學生講普通話。

此時此刻，我突然想到幾十年前的臺灣，那些在學校講方言而被罰站、掛牌子的學生們……

人，不管來自哪個地方，都是人。

膚色、性別、國籍、體型、年齡、信仰……這些東西都無法定義一個人的價值。能定義價值的，只有思想，以及所做的事情。

別因少數人的惡意，失去對多數人的信任

沙發客—Christophe
來自—法國

三峽山上的五寮國小，因爲在半山腰上，交通並不方便，所以從來不曾有過外師。二〇一五年十一月，收到五寮國小英文老師的訊息，和老師聊過之後，五寮國小成了新北市第一間參與沙發客來上課計畫的學校。

而我們爲他們媒合的第一位沙發客，是來自法國的Christophe。出發去東部環島之前，Christophe先來到了五寮國小和高年級的學生們分享。除了介紹法國的文化、美食、以及他自己在臺灣的計畫外，因爲老師事前有和學生提到會有來自法國的客人，先讓學生做了點功課，所以學生們也準備了一些問題，想問問Christophe，並嘗試用簡

單的英文自己說出來。

在此之前，因爲替代役身分的關係，我沒有辦法眞的讓學生們試著先做功課，最多只是提醒他們說過幾天有個外國人要來而已，但如果有辦法的話，讓老師先向學生介紹即將到來的外國人，並請學生回去做一點功課，或是討論一下要和對方聊的話題，等到外國人來了以後，才不會每次都像一張白紙一樣，問一些「你喜不喜歡吃臭豆腐」或是「你們國家會下雪嗎」這一類他們可能回答過上百遍的問題。如果可能的話，沙發客們離開學校以後，老師再花個十分鐘、二十分鐘，和學生討論他們剛剛聊到的內容，這樣效果應該會更好。

話說回五寮國小。當時巴黎恐怖攻擊事件才過短短兩個禮拜，全臺灣的人都在討論這件事。學生們在網路上找到了一則影片，是記者採訪一個法國亞裔小孩的影片，那些臺灣小孩看到法國小孩面對這麼嚴重的事件能夠平和、冷靜，感到非常佩服。

「你對恐怖攻擊有什麼看法？法國人都這麼冷靜嗎？」有學生問Christophe。

「我們知道恐怖攻擊很可能還會出現，但我們更知道大家不能因此恐慌。我們國家的人都有共識，愈是這種令人難過的時刻，愈是要冷靜沉著。」在無數事件爆發後，許多法國人開放自己家門，讓陌生人進來避難，Christophe的回應是這些互相安慰、鼓勵的法國人最好的印證。

如果因爲少數人的惡意，而讓我們失去對多數人的信任，那才是眞正落入恐怖主義的圈套裡。

幾乎就在同樣的時間，我收到了去年來到我們學校的法國針灸師安藝的平安信：

「哈囉Han：

跟你說一些新聞近況。最近法國狀況非常糟糕，這個週末因爲巴黎的攻擊，搞得驚天動地……這已經是今年第二次了，而且很可能不是最後一次。

我們都很好，我們住的小村莊離巴黎很遠，但是因爲我現在在巴黎市區教中文和針灸，所以我上週眞的就在巴黎，十二月還得去巴黎一次，但你可以想像得到，我很猶豫！

我一部分的家人住在巴黎，很幸運的是他們都沒事，但是整個城市的氛圍無可避免地改變了。不過呢，我們最強大的武器是愛，所以我們試著用愛去征服這些暴力，即便城市處於戰亂，但是對我們來說，解答並不是在仇恨中，而是理解以及愛。

讓我們成爲我們在這個世界上想看到的改變。

我們沒有一天不想到臺灣。已經一年了，但是一部分的我們仍留在那裡，希望你和你的家人都過得平安幸福。

安藝Anais」

我知道這兩位法國年輕人沒辦法代表所有法國人，不過，在這些四處遊歷的新一代旅人身上，看得到他們不自覺地攬在身上的責任，一份覺得自己應該盡可能消除各式誤會與偏見的責任。

「人因不理解而互相批判，因嘗試理解而互相尊重。」

這個世界絕大多數的紛爭和戰亂，幾乎都是源於人與人之間的不了解，而不是誰對誰錯。因此，對我們來說，解決這些紛爭最根本、最直接的方法，不在於國防，不在於經濟，而在於每一位身在他國的旅人，以及每一位面對外國人的當地人身上。不單只是旅人，移工、外師、國際學生、僑胞、移居者們，各式各樣國籍、膚色、信仰和價值觀與我們不同的人們，彼此如何相處、如何相互尊重與了解，是每一個人都應該面對的課題。

原本，Christophe下午還有事，但當他結束上午的分享，和師生們一起吃完營養午餐後，他決定留下來，參觀學生們的社團課，一起玩槌球。

「這眞是超棒的體驗，孩子們超可愛，早上與他們分享我的國家，下午一起玩。我覺得好榮幸，自己能當這些學生這輩子認識的第一個法國人。」離開學校以後，Christophe留了這麼一串訊息，並出發探索他期待已久的臺灣東部。

漸漸地，我已經不會想要強調自己有多愛臺灣，或是臺灣有多好；應該說我開始質疑「因爲我是臺灣人，所以臺灣是最棒的」這樣的思考邏輯。我很喜歡這片土地，我也很感謝自己生在一個肚子餓有食物吃、生病了有醫生看、有話可以直說、只要努力就有機會成功的國家。但是，我不會因此覺得臺灣人就比其他地方的人重要。

當別人理直氣壯地說：「爲了臺灣，好東西當然要留給臺灣人。」

我會回：「不管是誰得到，我只希望留給需要的人。」

這些年來，愈來愈常看到人們打著愛國的名義，合理化自身對移民的歧視；美國人拿著槍跑到邊境，阻止墨西哥人來美國；英國和歐洲各國逐步禁止失去家園的難民遷入生活。仔細想想，這些行爲背後代表的意義是什麼——「你們過得不好，但是你們要繼續過糟糕生活，因爲你們不是生在這裡，所以不能過來。如果我們讓你們加入、有了好生活，我們也許就沒辦法過得這麼好了。」

憑什麼呢？

我們所謂的歸屬感，似乎逐漸變質，成了一種藉著排擠他人才能感受到的價值。

我不喜歡這樣，試問這世上哪一場戰爭，不是來自兩個對自己國家有強烈歸屬感的人群？

我希望任何時間、任何人，都能夠在這個世界上的任何地方，感受到家的感覺。

我希望人們能理解到：所有人都應該是一樣的。

而且本來就一樣。

我不是不愛我的國家、我的家鄉、我的家人，我只是很清楚這世上的所有人、所有生命，都值得被愛。

Love is the only thing that the more you give, the more you have.

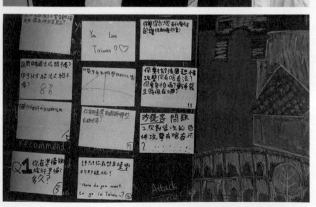

Lesson 4

做自己

成為自己命運的主人。

學音樂，不當飯吃還能幹嘛？

沙發客——念萱（Crystal）

來　自——臺灣

「有人學過才藝嗎？」臺下好幾隻手紛紛舉了起來，有些學生會畫畫、有些喜歡跳舞、有些則正在學彈吉他。

「那有人將來想要當畫家、舞者或是音樂家的嗎？」每一隻手都緩緩地沉了下去。

念萱（Crystal）是第一位來到我們學校分享的臺灣沙發客。趁著寒假，她正帶著小提琴在臺灣環島旅行。她是街頭藝人，會在她所到之處演奏小提琴，人們給的打賞就成了旅費。

「臺灣很多父母都會栽培自己的小孩學音樂，多少學個鋼琴。如果身邊環境充足一點，可能還會再學個小提琴、長笛之類的。但是在升學主義的社會環境下，面臨每天小考、準備基測，不再有時間練習，音樂很容易就是被先放棄的那一項，我之前也是這樣。」Crystal說。

她也曾想過繼續走音樂這條路。但是在高中時，她意識到自己將來應該不會把演奏音樂當成生涯的選擇，於是放棄念音樂班，轉而在上大學後就讀師大英語系，小提琴則持續做為興趣。

然而，當她到荷蘭當交換生的時候，她在那邊靠小提琴交到了一群同樣玩音樂的朋友，並因為這項才藝，有了許多有趣的體驗。

Crystal說起她第一次街頭表演的歷程：「有一次，我的荷蘭朋友鼓吹我上街表演。我從小就羨慕街頭藝人，但從來沒有試過，當時其實很期待。只是那時以為他們會很有義氣地陪我上街，想說多點人壯膽，比較不怕嘛！誰知每個都臨陣脫逃，只剩我一個。後來想想：幹嘛因為別人的決定，影響我一直想做的事情呢？所以就在國王節那天，一個人背著一把小提琴上街去了。當然也不是一開始就順利，我那天爲了到底要不要去busking（街頭賣藝），也是自己天人交戰了好幾個小時，等到跨出家門後，又在街上徘徊不知道多久，才真正拿出小提琴，開始表演。」

路過的人們紛紛停下來，欣賞她的演出，也有人過來將小費放進她腳邊的琴盒裡。最重要的是，當她表演完，原本完全陌生的路人開始向她攀談，還有人點歌。她發現這才是她想要的音樂模式，不是站在舞臺上單方面爲聽眾表演，而是在人群中，透過

自己的音樂，將原本彼此陌生的人們連結在一起。

當她不是爲了賺錢而表演小提琴，而是單純爲了將音樂或快樂與別人分享時，她會表演得非常盡興，人們也會聽得非常開心，當然也會有更多小費好讓她繼續旅程。

重點不是有多專業、多厲害，而是願不願意站出來，和他人分享。

「聽過不少朋友家長抱怨，當初花了那麼多錢讓小孩學樂器，放棄之後了什麼都沒有了，好浪費錢、浪費時間，早知道就不學了。我們太喜歡用二分法看待事情，例如學樂器就要念音樂班，否則就回到零。有時候二分法可以讓複雜的人生看起來簡單一點，但因爲這樣的二分，我們錯過了多少中間的地帶，多少第三個、第四個、第五個可能。比如說，練田徑、走體育到最後，不是當國手就是教練；讀音樂班、念音樂系到最後，不是演奏就是當音樂老師。但怎麼不想想其他可能呢？也許較少人走的路，才是適合你的。」

分享到最後，Crystal從琴盒中取出小提琴，開始演奏。

在許多人的傳統觀念裡，學音樂或其他才藝眞的是種投資，期許自己將來能靠這份才藝維生或發財，因此往往認爲：如果成爲不了頂尖，就一點意義都沒有了。而在這樣的思維下學習，其實壓力很大。但我相信不一定只能夠這樣，透過學習英文或是其他語言，讓自己有機會能夠多認識世界一點；音樂也是一種語言，就像Crystal有辦法用小提琴在世界各地交朋友，甚至靠著音樂，和語言完全不通的當地人溝通。不只是音樂，其他技能、藝術或是體育都是，當我們到了一個新的環境，會非常希望能夠與其他人有所連結，如果能夠一起跳舞、畫張畫送人，或用吉他伴奏一起哼歌，就算語言不通，仍然會擦出很棒的火花。這時候，自己是否精通或最厲害，根本一點都不重要，這些才藝是我們隨身帶著的禮物，當我們送出這份禮物，自然也會收到其他人的回饋。

當然，我們往往會在事後懊惱，爲什麼自己會的這麼少、能分享的這麼少？回頭便會更努力去精進能力，這不是爲了競爭，而是爲了之後能夠分享更多。

結束了在學校的分享後，Crystal繼續她的環島旅行，到臺灣各個角落分享她的音樂。

我喜歡分享音樂和故事。從歐洲回臺灣後，我喜歡和朋友分享我在歐洲旅行、街頭賣藝學到的事情、街頭表演遇到的可愛互動、以樂會友並一起玩音樂的感動、還有打破我原有觀念的特別歐洲人的故事，我也喜歡告訴大家「跨出舒適圈」沒有想像中那麼難——但這些適合和國中生分享嗎？我知道我是幸運的，生長在經濟狀況不錯且願意花錢讓女兒學音樂、出國交換的家庭；然而臺下的弟弟妹妹當中有些不具有優勢的家庭背景，我的故事對他們來說是否是遙不可及的夢、是否難以和他們產生關連？我要如何顯得自己不是在炫耀、不要成為別人口中的「人生勝利組」？

懷著既期待又緊張的心情，來到第一堂課分享的地方：學校二樓的穿堂。我簡單說明我先是在歐洲帶著小提琴街頭表演，如今在臺灣，一樣想在街上分享我的音樂、一樣勇敢去旅行。我能用言語分享的實在有限，那用音樂吧！正準備演奏小提琴時，突然一個問題閃過我腦海：「有這麼近距離聽過現場小提琴的聲音嗎？有的請舉手？」兩個班竟然都只有一到兩個學生舉手。我從小在教會長大，聽過音樂會，身邊有許多學樂器的朋友，這比例讓我很訝異。我漸漸了解，單單拿出小提琴，拉奏幾首耳熟能詳的歌曲，對這些學生而言就已是很新奇、很特別的體驗了。其實單純把自己喜歡的事物帶給學生，沒有想像中那麼難。

Crystal

死過一次，我希望這次的人生能更有價值

沙發客——Ory
來自——以色列

結束雲林的分享之後，以色列的Ory在臺灣還有好幾天時間，所以我決定送他到臺東「孩子的書屋」，和那邊的學生玩。

和我們國中的學生不一樣，那邊的學生是以國小低年級和幼稚園的原住民孩子爲主。當天晚上，我問他在那邊過得如何，Ory非常激動地說：「你知道嗎？你說的這個書屋，和我在以色列做的事情幾乎一模一樣！我在以色列，也是照顧那些爸媽晚上要工作不在家或是單親的小孩子，幫他們課輔、陪他們玩，也提供他們晚餐。我帶來的圖畫，就是那些弱勢學生們做的。我覺得好像來到了一個平行時空，完全無法想像

在離以色列這麼遠的地方，會有這樣一個地方，正做著同樣的事情，面臨著同樣的問題。這眞的是太神奇了。」

除了分享以外，Ory還帶著書屋的孩子們一起畫了一面牆，成了他到此一遊的證明。結束書屋的行程之後，Ory又繞了半個臺灣，跑回我們家借宿，而且堅持要請我們吃他最喜歡的臺灣美食——鼎泰豐。我們全家人第一次吃鼎泰豐，竟然是給一個不能吃豬肉的以色列人請客。

「那麼，你覺得臺灣和以色列的學校有沒有什麼不一樣？」我問。

「還蠻多不一樣的耶。你們學校超棒的，會讓學生負責打掃自己的教室，校園也有劃分他們負責打掃的區域，我們那邊就是全部交由校園裡的清潔員負責。還有，我們學校沒有午睡，學生吃完飯就是出去打球或找同學打架——小男孩不打架怎麼成為男人？雖然我覺得你們讓學生睡覺也是個不錯的想法。」

Ory一邊說，一邊夾了他唯一能吃的雞肉小籠包。

「感覺像是美國那樣吧？」

「對，不可否認地，以色列受美國影響很深，他們提供我們武器，我們提供他們技術。但是，那種美式文化還是很恐怖，隨便看一下各國的狀況就知道了。幾乎世界各地的傳統飲食都很美味也很健康，可是現在發展得比較好、比較有錢的城市，飲食文化幾乎都被破壞殆盡，只剩下一大堆的糖、鹽、油脂和肉類的糟糕食物，一大堆人因此生病，再花一大堆錢來看醫生。」

Ory話鋒一轉：「我回去以色列以後，就要開始修教育學程了，這樣我之後就有辦法到國小裡，當一個眞的老師了。」

「你之前這樣教學，不算是老師嗎？」我問。

「其實不太算是，我算是去那邊幫忙、當義工的，雖然我也做好幾年了。」Ory回答的同時，也聽出了我眞正想問的問題：「我二十幾歲的時候，出了一場非常嚴重的車禍，骨頭斷了一大堆，在醫院裡頭昏迷了好長一段時間。我在醫院躺了三年才出院，自己生活。我有重大傷害的身分，所以每個月會有來自保險或是政府補助的收入。有了這些，我不太需要工作也可以安安穩穩地過日子，可是我不想要這樣。就是因爲之前死過一次，對我來說，能夠回到社會，就像是多活了一次。我希望我這一次的生命能活得更有價值一點，不只對我，對其他人來說也是。」

兩個月後，我收到了一封來自Ory的訊息：「嗨，可以向你多要一些我在臺灣學校的照片嗎？我下個禮拜在特拉維夫，要向這邊的學校、還有類似書屋的機構老師們，介紹我在臺灣的經驗，像是去你們學校分享以及拜訪書屋的故事。也許將來你到以色列的時候，就會有老師找你過來和我們的學生分享了。」

「太好了，希望我之後去拜訪的時候，能和你們那邊的學生一起掃地。」

二十八歲前環遊世界一百國

沙發客——鄧深
來自——中國

「請問你們家附近有當鋪嗎？」

「應該有，但我從來沒去過……你發生什麼事了嗎？」我瞪大眼睛，看著這個坐在我旁邊的成都女生。

「不是，有一間公司出錢贊助我的旅費，條件是要我在世界各地旅行的時候，替他們拜訪世界各地的當鋪並記錄下來。我每次進當鋪，就拿出我的iPhone手機假裝要典當。」鄧深拿出她的手機對我眨了眨眼。

我和她坐在從臺北往臺中的便車後座，手上各拿著一杯珍珠奶茶，是讓我們搭便車的這對夫妻堅持請我們喝的。這位正在環遊世界的女生，即將成爲「沙發客來上課」計畫裡的第一位中國人。雖然，從頭到尾我都不把她當成中國人，因爲她已經近十年沒有回過家了。

鄧深出生在四川成都，十二歲以後離開家在外念書，大學開始在中國各地旅行。大三離開中國、到了德國念書，之後七年裡在世界各地生活。她在德國和祕魯拿了兩個大學和碩士學位，同時一邊當導遊、翻譯、服務生，賺取生活費及學費。

完成祕魯的學位以後，她買了一張環球機票，在一年內，可以用那張機票環遊地球一圈，不過只能選擇往東或是往西，中途可以停約十幾站。她以群眾募資的方式，讓她一邊環球旅行、一邊記錄各國人物的故事，她也會在各地準備送給資助者的紀念品，當然也包括拜訪那些當鋪。才二十八歲的她，竟然已經去過九十幾個國家（臺灣似乎是第九十個），今年就要滿百了。

她曾在各種神奇的地方搭過便車，歐洲不用說，其他像是中東、南美，甚至非洲都有，她還曾經從肯亞一路搭便車到南非！

「在非洲，因爲缺錢的窮人根本買不起車，所以路上開車的人其實不太有危險性，甚至，反而在媒體說非常危險的國家裡，因爲人們都很擔心你遇到壞人，所以堅持把你載到目的地門口再走。」

面對這個我還沒問出口的疑惑，鄧深看起來很習慣地自己回答了。

「眞正的危險，是我曾在馬其頓遇到一個一直想對我毛手毛腳的司機，後來我把車門打開跳車，整個跌落在路邊，腳和背都被柏油路擦傷。但我當時沒有哭，站起來以後馬上繼續舉手搭車，等到上車以後，車上的人才發現我怎麼身上都是血，就趕快拿毛巾和面紙給我擦。」

一面聽她敘述，我不免想像這幅光景：自己在歐洲開車時，看到一個渾身是血的亞洲女生在路上試圖搭便車……

鄧深和學生分享了各式方法來節省不必要的開支，或是如何一邊旅行又一邊工作賺旅費。不過，和賣祕魯的瑪卡壯陽藥給中國人的故事相比，學生和老師們似乎還是對於一個女生旅行會遇到的各種危險，更有興趣一點。

「也是會有害怕的時候啊。某次我住到一個老伯家，他和我分享他的興趣，竟然是穿女裝。後來他就開始穿上蕾絲洋裝和高跟鞋，擺出各種撩人的姿勢，請我幫他拍照。」

「後來呢？」學生們問。

「我就眞的幫他拍，只是我隔天就離開了。其實我不覺得他有病，也不覺得他是壞人，他沒有任何危險性。我認爲他只是一個非常非常寂寞的人，可惜我的內心大概還不夠強壯，沒有辦法那麼自在地陪伴他。」

多年來與各種文化的人們相處的經驗，讓鄧深總是有辦法嘗試著理解，並尊重各式各樣的人。

我不打算請鄧深和學生講英文，而是請她直接用中文表達她想對學生說的。我相信她所能分享的，絕對不輸之前所有被邀來的歐美人士，她的人生經驗及體悟，遠超過與她同年紀的人。同樣地，我也不是要學生們效法她，一股腦兒的衝去旅行、衝往國外。許多學生認爲他們的人生沒有其他選擇，我想讓學生看的，就只是各式各樣的人生。沒有哪個好、哪個不好，重點是我們有義務決定自己的人生；走過各式人生的人親身說法，讓學生們認眞思考自己人生的各種可能性。也許看完了這一切，有的學生仍然回到最初讀書、考試、找工作的人生，那也非常好，至少那是思考過各種選擇後，自己做出來的選擇。

當一個人做了屬於自己的選擇以後，就不會抱怨命運、抱怨別人，因爲自己清楚，必須對自己的選擇負責。

結束了在我們學校的分享以後，鄧深和我一起到老師家借宿，隔天回到路上，繼續她的搭便車之旅。

看著鄧深在路上蹦蹦跳跳地朝著來車招手，我不禁開始思考：我眞的應該把她歸類爲中國人嗎？這是我之前從來沒去注意過的問題，然而，隨著接待過的沙發客愈來愈多，遇過各式各樣的案例，漸漸就會發現，以前的一些標準其實是有點狹隘的。的確，在潛意識裡，我還是會把她當成中國人——但是我之所以把她當作中國人，是因爲她父母是中國人？因爲她出生在中國？因爲她拿著中國的護照？還是因爲她這個人帶有中國文化……？

令我驚訝的是，這邊的學生非常渴望了解這個世界。我和他們分享了我如何旅行、什麼是世界公民，他們則問我最特別的地方、吃過最特別的食物，我說是青蛙汁……從這次經驗之後，我開始愈來愈常和人們分享我的故事，我下次會準備得更充分的。

鄧深

自己命運的主人

沙發客——Tiff
來自——瑞典

Tiff是朋友在臺北捷運站「意外」撿到的沙發客，結果就被輾轉介紹到我們學校來。才剛進校門沒多久，這個刺青、光頭、穿耳洞的巨大瑞典人，瞬間就引起了全校師生的注意。

無可避免地，他成了學校宣導刺青的極佳案例。他身上有兩道刺青，第一道是右手上一個完全看不出來是什麼東西的刺青，那是他十九歲時，讓當時的女友刺的。他非常後悔有了那個刺青，不單單因爲他後來和那個女生分手，重點是——那個刺青超醜的。所以Tiff後來花了好多好多錢和時間去雷射，要把那個刺青除掉，但怎麼樣都無

法完全消掉。

「要刺青，就等成年以後；而且，不要很蠢地刺上男朋友或女朋友的名字，那絕不代表愛，還有最重要的一點：不要刺那種醜到讓你後悔的刺青……」Tiff這麼對學生說。

帶Tiff上完第一堂課，課堂中他回答到瑞典的基本起薪是八萬臺幣、平均薪資則是十二萬，當然也有提到變態的高物價。

下課後，Tiff說他其實不太想

提瑞典的薪資及福利，尤其是在這些學生面前，這會讓學生們覺得瑞典是瑞典，而這些孩子是天生就只能拿二十二K的命，他最討厭的，就是人們把所有的不幸都推給不公平的社會和命運，卻從來不想改變。

我向他說明了這裡清寒、新移民、單親和隔代教養的問題——所謂「看不見的臺灣」（Invisible Taiwan）。絕大部分的外國旅人都對臺灣如此的現象感到忿忿不平，Tiff也不例外。但是，與其他沙發客憤怒成分居多的情緒相比，我在這個超過兩百公分的刺青男眼中，看到更多的是憂傷。

Tiff講話的時候，喜歡用圖像將想法畫出來，有筆的話，他會將腦中的圖表和關係圖一個個畫在紙上；沒筆的話，他還是會用手指在空中比畫模擬出一個個圖案，送到我們腦海裡。他說自己是屬於圖像式學習的人。同時，他對拼字有非常大的障礙，怎麼樣都沒辦法照正常順序拼寫字母。因此Tiff小學的時候，學習狀況非常非常差，就算花了五倍的時間學習，成果還是不如其他同學。他甚至曾經被霸凌過——原因之一正是他國中就一百九十五公分的身高。不過，當學校的教育方針，漸漸從原本注重記憶到後來注重解決問題，他就適應得很好了。

「如果我們這個社會要求每個人都要當作家，我的人生一定是場悲劇，我會寫得很痛苦，人們也讀得很痛苦。但是，我很了解市場，也很會聊天，爲什麼我不去做眞正適合我的事情，而逼著自己做不適合的事情？」

我對他說：「絕大部分的臺灣學生，都被丟進這個考好成績、念好學校、找好工作、步入婚姻的迴圈中。都市的學生有較多資源、較少經濟壓力，即便他們也普遍不知道自己在幹嘛，還是可以懵懵懂懂地把成績弄好、找到好工作，懵懵懂懂地過著輕鬆的日子；但是這邊的學生沒辦法玩這套，他們根本不能和都市學生比成績，如果照這種正規的人生法則，他們只會變成那些都市學生的墊腳石。」

他馬上回我：「但那是以前。你們都知道，現在就算有好成績、好學歷，還是不一定有好工作，都這樣了，怎麼還可以繼續叫學生們追求學歷？我相信，如果對老闆說你有一個可以讓他賺一百萬的計畫，他一定會對你有興趣，才不管你是什麼大學畢業的。況且，你們明明很清楚，這邊的大老闆學歷幾乎都不高，你們怎麼甘心一群高學歷的人讓低學歷的傢伙管？」

我的目光落到了Tiff襯衫下那第二道刺青——Master of your fate，做自己命運的主

順序推理

人。那是他兩年前決定去刺的第二道刺青。在瑞典人眼中，社會上大致有兩種人，如果想要成為醫生、律師、大老闆，你就必須乖乖地穿西裝、打領帶、刮鬍子，當個乾淨、守秩序、有文化素養的人。至於那些會刺青、穿耳洞、奇裝異服的人，普遍都被認為是整天抽菸、喝酒、玩女人、沒什麼出息的人。

Tiff就是看不慣瑞典人這套「用衣著和造型決定一個人是否成功」的嘴臉，所以故意剃掉頭髮、留著法老鬍、戴上詭異的巨大耳飾，在胸前刺了一道穿襯衫也擋不掉的刺青，拋棄身為瑞典人的所有福利，從來不提自己的學歷，一個人跑到中國大陸做生意。

「很多人的刺青都刺在別人看不太到的地方，我說既然要刺，就要讓大家看到，不然幹嘛浪費錢去刺？」

他就是要證明，就算是這樣子的一個人，還是有辦法達到穿西裝、打領帶才到得了的地位，甚至做得比別人更好。

「我除了要證明自己不用表面裝飾，也可以爬到那些地位，甚至比他們更高，來打那群有錢人的臉，但更重要的是，我還要向那一大堆單單因為出身背景、人生就被貼上失敗標籤的人證明，即使他們手上輪到這副爛牌，都有可能成功、過好生活。只要我成功了，我就能對他們說：『我都可以，你們一定也可以。』」

我發現我們想的其實都一樣。面對相對弱勢的人們，我們不是要提供資源，讓他們變得更有競爭力，足以與既得利益者競爭；相反地，我們透過將自己變得和他們一樣，嘗試另一種不需要與其他人殺紅眼的選擇。

一年之後，我在臺北臨時住到一個最近開始接待沙發客的朋友家。他說他們家當天還接待了一對在中國創業的瑞典兄妹。

「Tiff！」我一聽到在中國創業馬上猜到。不久前才聽到他回來了，還在想說都連絡不到他，結果竟然這麼剛好，住到他的沙發主家——這個世界可以再小一點。

Tiff看到我，一下子還沒認出來，過了一會才想起來：「Oh my god……你穿制服好看多了！」

我們聊了他的近況以及學校內的學生們，Tiff說他發現臺灣教育和瑞典教育有一個非常有趣的對比：「臺灣教育非常專注於什麼是對的、什麼是錯的，什麼東西都有標準答案，你們好像就是死命地要培育出最聰明、最厲害、什麼都會的學生。瑞典不一樣，瑞典的老師幾乎從來不會給學生任何標準答案，他們會鼓勵學生用各式各樣的方式思考，他們想要培養的是適性發展的學生。瑞典是一個幾乎沒有階級差距的國家，沒有人會想要爬到誰的頭上，大家都只想要當普通的正常人就好，絕大多數的人都遵照著幾歲畢業、幾歲找工作、幾歲結婚、幾歲生小孩、幾歲生第二個小孩的公式。（臺灣也有，但瑞典似乎更明顯。）但是，令我非常不解的是，我在臺灣遇到的每一個臺灣人，明明小時候都接受標準答案式的教育，每個人卻有各式各樣的興趣、有各式各樣的夢想，為什麼會這樣子？」

Tiff很認真地說了他的觀察，就像之前一樣，他講話時總會用手在空中畫示意圖給對方看。這是很有趣的觀察，想不到瑞典開放的教育模式教出了一堆乖乖牌，而臺灣封閉的教育體制卻生出了一堆有獨立想法的青年。

只是，為什麼他口中的臺灣人和我所認知的有點不一樣……我挑了一下眉問Tiff：

「等一下，你在臺灣遇到的人，是不是都是沙發客？」

Tiff：「大部分是。」

「那解決啦，我們的資料來源太不客觀了。」我笑著說。

我是哪一國人，很重要嗎？

沙發客——伊果(Igor)
來自——？

「臺灣真是太神奇了，阿兜仔很難想像——我從內湖開始，每一次都是第一輛車子就停下來。五輛車子，一個半小時，我在臺中了。就連我剛剛在臺中，找不到公車，就有人停在我旁邊，問我要去哪裡。」見面不到一分鐘，我眼前這個有點瞇瞇眼的金髮外國人這樣說著。

幾天前，我收到了伊果的訊息。他在柏林念研究所，同時也教移民們德文。他想來臺灣學中文，也有興趣去學校和學生分享。這天，我邀請伊果到我家，他從背包裡拿出兩顆原本躺在菜市場垃圾桶裡的醜鳳梨當伴手禮，而我大概是我認識的臺灣人裡頭，少數能笑容滿面地接下這種禮物並打成果汁的人。

吃完晚餐後，伊果拿出了筆電和耳機，開始用電腦學中文，一坐就是兩個小時，休息的時候，我問他：「你每天都學中文學這麼久喔？」

「通常是四、五個小時，今天可能會早一點睡，因為我前一天讀了一整晚都沒有睡覺。」伊果打了個哈欠。

伊果之前在中國旅行過幾個月，後來又花了三個禮拜學中文，接著就跑來臺灣。他來臺灣才一個禮拜，已經可以用中文和我對談了。每次說到他才學三個禮拜中文，都會把對方嚇得半死。許多人說他是天才，但我覺得多數會把他當作天才的人，其實是因為沒試過像他這樣持續每天花四個小時在學語言上頭。況且，對於這個可以流利地講七國語言（俄語、瑞典語、丹麥語、西班牙語、波蘭語、德語和英語）的傢伙來說，中文是他目前學過最難的語言。

伊果上了大學後，便開始在歐洲各地旅行，後來到了美洲，在美國待了半年，英文才終於變得比較好；他也曾在阿根廷念過一年的書，學會講西班牙文；他現任的女朋友是個波蘭人，所以也會講波蘭話了。而現在，他正在學習中文：「頭一、兩種語言很難，但當你學得愈多，其實就會學得愈快。」

「你好，我是阿兜仔。我來臺灣，我學中文，讓我練習，不要跟我說英文。」許多時候他都已經和臺灣人講中文了，臺灣人還是會用英文回話，讓他有點難過。我想到Hitchwiki在臺灣的介紹上也這麼寫著：「臺灣是個搭便車非常容易的國家，你很可能也會遇到非常多臺灣人想要和你練習英文……」有些人可能覺得外國人的中文怪腔怪調的，聽不下去；不過換個方式想，今天如果我們去了英國或美國，我們應該也不希望那邊的人，因為我們的口音而嘲笑我們吧？

隔天，我帶著伊果一起回到學校。簡單介紹了他為什麼來臺灣，以及一些他學中文的趣事，聊了一陣子，學生們馬上蹦出之前最常見的問題：「你是哪一國人？」

一個極度簡單的問題，我原本想代替他回答說德國，卻發現伊果露出了些許遲疑的表情，這才想到他在前面自我介紹的時候，完全沒有講到他是哪一國人。他雖然說自己在德國念書，又在教德文，但他其實從來沒有對我說過自己是德國人。

伊果想了想，開始分享他的故事：「我爸爸來自韓國，他是個共產主義者，所以當南北韓分裂時，他決定搬到俄羅斯。他在俄羅斯認識了我媽，我媽媽是瑞典人，他們兩個後來結了婚，生下了我。我出生在俄羅斯北方一個非常落後的小鎮，那邊除了極光以外，什麼都沒有。當地人生活在冰天雪地裡，整個城鎮裡最

好的工作是公車司機，是一個沒什麼希望的地方。我老爸在我小的時候過得不是很好，整天都在喝酒或打我，我上了高中之後就離家出走，一路從俄羅斯搭便車到德國去，後來就待在那邊念書。」伊果大致介紹了他極複雜的出身背景。

「因爲長相的關係，我在俄羅斯不會被當作是俄羅斯人，當然也不像韓國人；我會說瑞典文，但是我媽媽來自非常靠近丹麥的瑞典城市，口音其實比較像丹麥人，而我現在在德國教一群外來移民講德文，你覺得我是哪一國人？」

我回想起之前接待過的一個沙發客：爸爸是蘇丹人，媽媽則是一個住在克羅埃西亞的塞爾維亞人；他在克羅埃西亞出生、在塞爾維亞長大、在加拿大生活。他說：「一個護照的人，一個家；有好幾個護照的人，沒有家。」

「當我在這裡和你們分享的時候，希望你們不要把我當作是某一個國家的人，我絕對不能夠代表俄羅斯人、德國人，甚至韓國人，然後加深你們對那些國家的刻板印象，我就只是我而已。我透過旅行，在不一樣的國家生活，和不一樣的人相處，我其實也不斷在吸收，並發展出屬於我自己的文化——當我說謝謝的時候，我會把右手放到左胸前，這是阿富汗的文化，就算我不是阿富汗人，我現在也是這麼做——我來自哪個國家很重要嗎？」

說完，伊果將手放到胸前。

結束了沙發客來上課，我和伊果一起搭便車，準備前往臺北。伊果這個搭便車魔人的搭車軌跡遍布世界各地：從俄羅斯到歐洲，南美洲到阿富汗、伊朗，甚至印度，幾乎都是以搭便車的方式移動，但臺灣是他心目中最適合搭便車的地方。

「對了，給你看看我的幸運符。」伊果從錢包裡拿出一個硬幣，是一枚印度的一塊錢盧比，上頭有一個大拇指。「你們這邊比『一』是用食指吧？印度那邊，『一』是用拇指比的。」伊果說完將那塊硬幣收回錢包裡，舉起他自己的大拇指。

我和伊果在路上搭到的第一輛車，是一個年輕的小姐開的，她有點緊張，但還是讓我們上了車，她問我：「你是臺灣人嗎？」

我向她表明我真的是臺灣人以後，這位小姐說：「我不是臺灣人。」

她來自越南，在臺灣學完中文後，就留在臺灣工作、生活了。她聽到伊果也去過越南，便開心地和他聊了起來。

她在越南的大學學過一年的俄文，雖然幾乎都忘光了，但當她聽到伊果才學中文不到一個月，就可以流暢聊天，讓她差點用頭去撞方向盤。

另外一位在臺中遇到的車主，當他將車窗搖下來的時候，我和伊果都嚇到了。完全是個白人臉孔的大叔，卻操著一口道地的國、臺語。

「大哥你來臺灣很久了嗎？」我問。

白人大叔聽到笑了一下：「我是臺灣人，土生土長的臺灣人。」

「我爸爸是美軍，六十年前隨著韓戰來到臺灣，在這邊認識了我媽。但就在我媽懷上我後不久，我爸戰死了，而我媽呢……你們可以想像一下，一個養著白人小孩的單親媽媽，或是一個沒有爸爸的白人小孩，在六十年前的臺灣過著怎麼樣的生活。」

大叔雙手握著方向盤，緩緩地說。

Lesson 5

以後

旅人對他鄉來說，
絕對有比花錢消費更好的貢獻。

打算拜訪完所有學校的沙發客——為微笑而畫

沙發客——Chris
來　自——法國

來自法國的Chris是一位正在環遊世界的畫家。多數人用相機記錄旅行時的風景，Chris則用畫筆直接將這些故事畫下來。他在各地幫人畫畫，有時候是工作、有時候是自由定價、但更多時候，只是想透過畫一幅畫，讓眼前的人們露出開心的微笑而已。

Chris的申請表立刻吸引了沙發客來上課計畫在全臺灣各地的老師，我將Chris的訊息分享出去那一天，馬上收到七間學校的邀請，把他嚇得半死。

短短兩個禮拜的時間，這位法國男生在環島的同時，接連拜訪大肚、鹽水、恆春、蘭嶼、光復和宜蘭的學校或書屋，「沙發客來上課」的合作學校，他跑了個大半。

我原本只請地陪和Chris面談，並爲他媒合了前面幾間學校，沒有當面見過Chris，心想應該就這樣錯過了。然而，四月時，我和Crystal——Crystal曾帶著小提琴來到大埤分享，如今已是「沙發客來上課」的核心成員——一起搭便車環島，拜訪臺灣各地參與計畫的學校及接待家庭，就在我們到恆春拜訪大平國小時，我在學校的廁所前看到了非常眼熟的身影。

Chris竟然出現在我的眼前！

他前一天才抵達恆春，所以老師還來不及通知我們。當天除了Chris外，還有一對移民到美國的中國雙胞胎兄弟，正背著吉他走路環島。當天，侯老師讓Chris和學生一起畫畫，雙胞胎兄弟則彈吉他帶學生唱歌，也和學生一起做手染布；下午和棒球隊的學生一起打球，晚上和學生一起吃晚餐，睡在學校。

「你接下來想去哪裡？」我問Chris。

「蘭嶼。」他說。

這是一個完全出乎意料的回答，我自己都沒去過蘭嶼。

「不過現在有點麻煩。我之前提款的時候，因為忘記密碼，亂按了幾次，我的信用卡就被鎖了。所以我現在身上沒有錢，在臺灣這邊還好，可以搭便車，但去蘭嶼一定要買票坐船或飛機吧？」Chris接著說，而我聽完瞬間竟很沒良心地笑了出來。

一般來說，聽到一個外國人信用卡被鎖，身上沒有錢應該會覺得緊張，但Chris的口氣讓人感覺這不過是掉了一條毛巾般的芝麻小事而已。而我也有十足的信心，他絕對有辦法在任何地方活下去。

法國街頭藝術家
在右開攻“双手”肖象
自由捐贈 OR 食物捐贈
(我♥珍奶)
我的夢想:
旅遊台灣, 看見
的美

「首先，我得想辦法賺到錢去買票。」Chris說。

隔天晚上，我們再和Chris見面時，他坐在街上，身旁多了一個大大的紙板，上頭是他超熱心的沙發主用中文寫的：「法國街頭藝術家，左右開弓『雙手』肖像，自由捐贈or食物捐贈（我愛珍奶）」

一對情侶坐下來。Chris真的兩手各拿一支筆，看著他們思考了一下，接著雙手並用，開始作畫。不到五分鐘的時間，他就畫好了眼前兩人的肖像；不到一小時，已經畫了十幾個人了。每個人在收到自己的肖像畫以後，可以自由決定要付給Chris多少錢。

「聽說你要出書了喔？」Chris問我。

「對啊，記錄我們帶外國人到學校的故事。」當時距離正式出版，大概還有一個月。

「如果你有需要幫忙，我非常樂意幫你的書畫畫喔。」Chris突然這麼說，並用厚框鏡片下那水汪汪的雙眼望著我。他很認真地說起插畫或漫畫所需的元素，興奮地告訴我，如果他的作品能夠出現在書裡，會是他莫大的光榮。

這傢伙身上已經一丁點錢都沒有，竟然還這麼開心、期待著幫別人畫畫，難怪他一路上遇到的人都極盡所能地想要幫他。

兩天後，Chris用在臺東畫畫賺到的錢，買了兩張機票，和他在臺東的沙發主一起到了蘭嶼，在蘭嶼的幼稚園裡陪小朋友們畫畫。

那幾天，Chris除了要不斷跑各地的學校以外，還得拚命抽出時間，完成要放在書裡的插畫。我不斷提醒他，不要把自己給累壞了，而他只是不斷告訴我，他很開心，很喜歡臺灣，他沒有因此感到倦怠，還下定決心要跑完所有學校，甚至打算到各個離島去。

Chris最特別的地方，不在於他的作品有多厲害，而是他那極度樂於分享的心。對我來說，這就是最強大的旅行方式，不一定靠沙發衝浪，不一定要搭便車，也不一定先存到多少錢，只要眞心地將自己所學所會的與其他人分享，也許是繪畫、也許是音樂、也許是廚藝，只要是眞心地分享自己，身邊的人們也會有同樣眞心地回應，並帶來最珍貴的體驗。

把世界帶進教室又如何？

「話說，學校裡怎麼還有提供晚餐？」那天來自法國的Chris和雙胞胎兄弟在球場和學生一起打球，我們則在樹蔭下和侯老師聊天。

「這邊有不少家長晚上還在工作，學生回家沒有人照顧，也沒得吃，所以放學後，部分學生會繼續待在學校，由老師帶著他們寫作業或上體育課，晚上則供應晚餐，等八點下課，家長再將他們接回去。家裡比較偏遠的球隊學生則留在宿舍，假日才回家。」侯老師說。

侯老師是幾個月前和我們聯絡上的。原本是臺北人的她，嫁到恆春後才發現這裡的孩子和都市裡的簡直是天與地的差別——單親、失親似乎是家常便飯，把老師當作父母的孩子很多，學校是孩子的一切，她很希望能帶給學生不同的學習機會。加入「沙發客來上課」計畫後，侯老師積極地邀請參與計畫的外國旅人到恆春，我們開始收到她不時分享的照片：來自荷蘭的華裔工程師跟著小朋友一起學書法；日文很好的德國女大生和學生分享滑雪的經驗；侯老師也邀請之前工作認識的新加坡機長帶學生到附近閒置機場解說，甚至還被做成了一則報導。

「大平國小雖然位於恆春觀光重鎮，但其實離鎮中心或墾丁都有一段距離。你們剛剛過來應該也有感覺，路上幾乎沒有車子，所以更不可能帶來觀光客。我很想把一些不一樣的文化和視野帶給這裡的學生，但我發現他們對學習的動機真的非常薄弱，也發現絕大部分的小朋友不太想念書，好幾個說畢業以後要去採洋蔥、做鐵工、水電學徒或海邊打工就好，一天能賺一兩千塊，幹嘛要認識abc……」侯老師這樣告訴我們。參與沙發客來上課的學校，幾乎也都有類似的現象。

高雄一位老師曾告訴我，那邊成績最好的學生想放棄念國立大學的機會，高中畢業就去當地的工廠上班。她覺得很可惜，然而，其他老師聽到她的想法時，冷眼看著她說：「難道妳覺得這些孩子去念了臺大、政大以後，畢業了回來找個二十二K的工作，就比較好嗎？」我想起一位很有想法、但求職不順的朋友，憤怒地對家人抱怨：「這不是我要的工作，我有我自己的夢想。」他開小麵館的爸爸淡淡地回應：「難道你覺得在這裡煮麵就是我的夢想嗎？」

我從頭到尾都不曾在學校當過老師，無法實際在第一線觀察學生的反應；有時候也懷疑，把世界各地的旅人帶進臺灣的偏鄉學校，能不能眞的幫到學生什麼？說實話，我心裡確實希望學生有機會的話都出去走走，追逐自己的夢想，但同時也明白，會講英文、有國際觀，不代表比較好，不念書、去打工賺錢，也沒有比較不好，只要是學生自己心裡想要的都好。對某些學生來說，他們眞正想學的，也許不是國際觀、也不是國英數，而是如何用幾個銅板就買到菜來做晚餐，餵飽弟弟妹妹。現在的農村極度缺工，當年那些放棄念書、留在家鄉幫忙的年輕人們，很可能就是這個農村人口不斷外移的時代裡，眞正支撐農村的主要貢獻者。

● 我印象很深刻的是一位五年級的小女生。放學後有免費課後班，讓學生針對學習不足的部分加強複習，她的繼母希望她放學後可以直接回家，照顧繼母和爸爸生的小孩，導致別的同學在英文輔導時，她無法參加。其實這位同學對英文非常有興趣。剛好之前來了位荷蘭華裔，上書法課時，因爲座位關係，整堂課兩人有了不錯的互動，進而提升這個小女生開口說英語的信心；再來是德國女孩到校並進班陪同午餐，這次她就主動用學過的英文單字或簡易的句子，和德國女孩互動，當德國女生稱讚她英文說得好，就在此刻，我從小女生的眼神中看到了難得的自信。當下有一股特別的情緒，一下子竄到鼻尖。原來孩子學習英文的動機如此單純。再接著幾天，住宿的球隊孩子告訴我，他們在宿舍都會問外國人英文單字或互相語言交流，聽到這裡的感動前所未有！讓我相信當初加入沙發客是一個很棒的選擇！

屏東縣恆春鎮大平國小　侯老師

● 被一雙眼睛凝視，專注地畫下自己，這讓你有什麼感覺？我觀察著過程中被畫肖像的孩子們的反應。青少年階段的孩子是滿心歡喜與雀躍，也有孩子超級害羞、或有孩子將那幅自己的畫像視為珍寶。

有一位學生希望Chris可以畫手機照片裡的她，因為這位國一少女覺得，要洗完澡的她才是美的。她獨自與兩個小學的妹妹一起生活了兩、三年，媽媽半年回家一個星期，爸爸則完全沒有音訊，對她來說，這是一個非常寶貴的經驗。有位畫家好好地觀看著她並畫下來，絕對的存在感在被凝視的時間裡自然發生。Chris送給孩子們的禮物——為他們而畫，恰如湖面，映照出孩子如何看待自己。孩子們顯然很喜歡自己被珍視的這份禮物。

花蓮縣光復鄉以樂樂書屋　蝸牛媽媽

● 教英文多年的我，一直覺得學習英文最大的動力和熱忱來自於可以實際用英文與人對話。但是受限於生活範圍，學生們其實不太容易有這樣的機會，因此聽到「沙發客來上課」計畫，可以增加學生與外籍朋友對話的可能，讓他們有「用英語交朋友」的經驗，立刻報名加入。

今天來到學校的Chris是個靦腆的大男孩，以人像畫的才藝在亞洲自助旅行。敲好來訪的日期、時間後，我便在班上預告會有一位法國的人像畫家來班上分享，孩子們都非常期待，也準備了一些問題要問Chris。不過眞正到了課堂上，孩子們反而害羞，不太敢問問題。等到他自我介紹結束，以雙手同時即席畫出一位男生的畫像，引起孩子們的陣陣驚嘆，我想既然如此，就讓他們以畫會友吧，於是趕忙拿了一些白紙和蠟筆，讓Chris當起現成的人像畫老師。此時只見Chris坐在教室前面讓孩子們以他爲模特兒，紛紛進行塗鴉時，而Chris也到孩子的座位間走動，鼓勵他們盡情地畫，並適時給予指導，此時語言的交流自然而然地開始，不需要背誦文法或單字，自發性地想要溝通，才是學習語言最大的動力。

宜蘭縣宜蘭市凱旋國中　許老師

每一次聽到老師們的分享，都會覺得自己好幸運，有機會認識這麼多有心的教育工作者。我自己很清楚，「沙發客來上課」計畫沒有強大到可以解決這一切由經濟、社會和教育糾結而成的偏鄉問題；我也知道，單是讓學生們和外國人相處，無法實質改變他們的生活，但如果，有些學生的內心其實期待著多了解這個世界的話，我們就試著把世界帶進他們教室。至於爲什麼要這麼做呢？也許就像Chris爲什麼要幫別人畫畫一樣吧，我們只是希望能夠讓一些人開心而已。

If you wait until you can do everything for everybody, instead of something to somebody, you'll end up not doing anything for anybody. —Michael Bane（如果要等到可以爲所有人做所有事的那天，而不先幫某個人做某件事，最後你也不會爲任何人做任何事。）

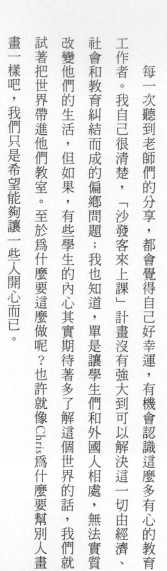

最後一堂課：對不起自己？

「替代役哥哥，你下午有事嗎？」幾個國一的小鬼跑到桌前問我。

「沒有特別的事情，怎麼了嗎？」

「我們想要預約你的時間來我們班！」我一開始還以爲他們是在開玩笑，直到後來老師私下過來向我確認，我才認眞地看待這件事情……該死，我該講什麼啊？

帶了一年的沙發客到學校來和學生們分享，給學生當了一年的翻譯，再過幾天就要退伍了，竟然在離開校園的前一刻被叫過去和學生分享，那是我在來學校以前就很想做的事。只是，一年過去了，現在被叫到臺上，反而不知道該從何講起。

我先說了大學時在臺灣步行環島的搞笑故事，簡單分享完後，有學生問：「你退伍以後要做什麼？」

「我要再次去環島，這次應該會環個一、兩年吧，然後就要出國去旅行了。」

幾年前在印度或歐洲旅行的時候，我發現即便在歐洲像是德國這種先進國家，也還是有很多當地人根本沒有機會接觸到外面的世界，許多人可能連自己國家的首都都沒去過。當他們看到我這個來自亞洲的臺灣人時，總是非常好奇地想要了解關於我的一切。

他們想知道臺灣的天氣、食物、歷史或是有趣的東西，然而，當時我能夠分享的，幾乎都只有社會課本上頭的東西，我不太知道該怎麼向外國人介紹臺灣歷史，我也不太會介紹臺灣文化，我會告訴他們來臺灣要到東部拜訪原住民，原住民人很好、很熱情，但是我其實從來沒有眞的和原住民面對面相處過。幾次下來，我感到非常慚愧，非常對不起那些外國人，因爲那很可能是他們這輩子唯一一次能夠了解臺灣的機會，而我卻搞砸了。

所以，我告訴自己，如果將來還想要去國外，應該先花一點時間認眞探索我的家鄉，認眞蒐集這片土地上的故事，之後才可以帶著這些故事，出國去和世界各國的人們分享。

簡單分享完我的計畫，接著面臨了第二個大魔王問題：「你爸爸媽媽都支持你這樣做嗎？」

其實，不只我，幾乎每一位來學校的沙發客都曾被問到類似的問題，無論是辭掉工作去旅行、還是做一份一般人難以想像的工作，大家都想知道他們是怎麼過父母這一關的，這一次，這個問題被丟到了我身上。

很幸運的是，我來自一個就臺灣標準來說、相對開放的家庭，即便我家人並不打從心底支持我想做的事，他們也不會試圖阻止我。然而，之所以能夠如此，其實更應該說是我們從小到大不斷溝通的成果。

年紀小的時候，我們什麼都不懂，聽著父母的指導，走在他們認爲幸福又安全的道路上，當我們漸漸成長、成熟，開始有能力思考的時候便發現，我們想要走的路線和父母希望的方向開始出現分歧，早一點可能是高中、大學要念什麼，晚一點可能是工作或是情人要怎麼找，總有一天，雙方的期待會出現分歧，這時的不同要怎麼處理？

我請我老爸老媽想像一下，現在有兩條路，一條是他們想要的，一條是我們想要的。如果我們照著他們想要的路去走，然後成功了，那當然很好，雖然我們可能會留有一點遺憾；但如果我們照著他們想要的路去走，結果卻失敗的話呢？我們很可能會把責任都歸在老爸老媽身上，而不去思考是否因爲我們自己不夠努力或是不夠用心，因爲誰叫那是他們叫我們這麼做的。

那麼，換個方式想，如果我們選擇走我們自己想要的那條路的話呢？也許，雖然我們經驗不足，有點魯莽，但如果眞的讓我們成功了，這並不代表我們否定了父母，只是想讓他們知道，這樣子也不錯，不是嗎？我們相信大部分的父母，其實都只是希望孩子能夠過得開心而已。

不過，今天大家最怕的，其實就是第四種結果，如果我們走自己想走的路，卻失敗了怎麼辦？如果是這樣，我們會很清楚自己這樣子是行不通的，老爸老媽是對的；我們同時也會知道，必須爲自己負責，因爲是自己做的決定。在許多家長的眼裡，自己的小孩永遠都是長不大的小孩，而不敢讓他們負責，但我會說，只有放手讓小孩學會爲自己的決定負責，他們才有可能眞的長大成人。

雖然我家人的心裡不完全認同我的一些想法或行爲，但是他們會選擇放手不管，讓社會和時間來證明，簡單講，他們就是在一旁看好戲等著我破產啦！可惜的是，他們一直以來都還無法如願，不過也因爲如此，漸漸地，他們就習慣了這樣子的我。

每個人面臨人生中各式各樣的選擇時，常常面臨兩種選擇：「對不起別人」或「對不起自己」：

也許學藝術會對不起父母，但爲了父母去當醫生又對不起自己；

也許去國外闖蕩會對不起情人，但爲了情人放棄自己的夢想又對不起自己；

也許在社交場合不喝酒應酬會對不起客戶，但爲了生意搞壞了健康卻眞的對不起自己的身子。

在我的認知裡，絕大部分的臺灣人往往選擇「對不起自己」，而且還是理所當然地認爲自己應該要選擇「對不起自己」。我不認爲這是好事，因爲這樣的人，往往也會在事後理所當然地要求其他人做「對不起他們自己」的事。

我眞的很幸運，生在一個有條件能夠選擇對得起自己的環境裡。我不斷重複說著我很幸運，因爲我知道，對許多人來說，他們家人的觀念不容易改變，我也眞的想不到一個所有人都通用的解答。但至少，我們可以從自己開始，終止這一條一脈承襲下

搭便車
台南

來的鎖鏈，讓自己成爲一個放手讓孩子飛翔的父母、一個支持情人追尋夢想的伴侶，以及一個不用道德或習俗來強迫他人的公民。

分享完了以後，一位學生將一盒禮物遞到我的手裡。我打開一看，裡頭是個撲滿娃娃，老師笑著說，那是要送我的禮物，我笑笑著收下了，離開了教室。

幾天後，我正式退伍了，收到了老師們的禮物以及一些學生的小卡，帶著些許複雜的心情回到了家裡，收到老師的訊息：「同學們的心意有收到了嗎？」

我愣了一下，接著衝去把撲滿娃娃拿出來，才發現裡頭竟然塞滿了近百張的小卡，是好幾個班級的學生一張一張摺成小信封塞進撲滿裡頭的，我花了近二十分鐘才把撲滿清空，一張一張讀著那些青澀的語句，眼角漸漸地泛淚，那絕對稱得上是我這輩子收過印象最深刻的禮物之一。

來上課的不再只是沙發客

沙發客——Carmen、在臺國際學生
來　自——愛沙尼亞、非洲及大洋洲邦交國

退伍離開學校後，開始了兩年的環島生活，途中也不時拜訪有興趣參與沙發客來上課計畫的學校。當然，也不是每間學校都能順利合作，有些學校擔心會耽誤到正規課程，或是希望我們提出教案及教學成果。如果他們有這樣的顧慮或要求，我都可以理解，我從來不會要求學校妥協，以配合計畫，他們真的想要又有需要的時候再合作就好；也有很多的時候，是老師有興趣邀請外國人到學校，但是其他同仁不願配合。那些有興趣參與計畫的老師，通常是學校裡的年輕老師，他們常常身兼行政及其他雜事，真的想要做些事情的時候，卻又會被現行制度搞得綁手綁腳。所以如果可以的話，我會試著到學校去，也許單純和校長、老師對談，或是透過研習的方式，與老師們分享沙發客來上課計畫的故事，讓老師們清楚沙發客來上課的概念以及運作方式。

如果老師們能理解並認同這個活動，接待老師比較能順利邀請外國人到班上，像是基隆的成功國中，就是校長交付給接待老師來接洽；如果有需要排課、調課之類的，就由校長來協助。他們很順利地接待了來自愛沙尼亞的Carmen，爲了接待這位在柏林國會工作的愛沙尼亞女生，接待老師非常用心地先向學生們介紹愛沙尼亞。Carmen來的時候，除了對學生介紹愛沙尼亞，也帶著學生一起跳土風舞，還登上了當地的新聞版面。不久之後，Carmen甚至去拜訪了第二次。

但最特別的，是另一群在華語中心學華文的國際學生。在因緣際會之下，我們和一位教華語的虹穎老師接上線，她聽完我們的計畫以後，非常希望能夠帶她的學生們去學校和學生分享。

「你教的學生都是哪些國家的？」我問。

「這個學期教的是來自布吉納法索、吐瓦魯和其他太平洋島國的獎學金生。」虹穎說。她還告訴我，她教的那班是重修班，學生的學習進度算是比較慢的，她希望可以讓學生透過這樣的交流，在與臺灣學生互動的過程中，得到更多學中文的動力與信心。

聽起來就超酷的啊！我們知道臺灣有許多散落在非洲、中南美洲或是太平洋上的邦交國，卻和這些國家一點都不熟。我們邀請這些學生來臺灣念書、學中文，讓他們有機會多了解臺灣，卻很少有機會讓遠道而來的他們向臺灣人介紹自己的國家。

這一次，因爲來了四個國家的學生，面向太廣，大家又都不太熟悉，所以成功國中的老師決定讓學生自己挑一個國家回去查資料。除此之外，虹穎老師也事先傳了六個學生自我介紹的影片，讓成功國中的學生能夠提前看看這些外國朋友，聽他們用生疏的中文介紹自己。

其中，有個男生在影片中，說他很喜歡「雞逐走」，學生們聽不太懂，老師還向學生解釋，這個外國人一定是喜歡「雞尾酒」。結果，當天國際學生來了之後，只見那位喜歡「雞尾酒」的男生，拿了一顆足球，說他喜歡「踢足球」。

一位一位來自各個邦交國的國際學生站到學生面前，介紹自己的國家，帶著學生老師們一起唱民謠、跳戰舞；而成功國中的學生也分享了基隆的特色美食與景點，表演舞蹈和歌曲，兩位阿美族的同學還穿上了傳統服裝，向國際學生介紹原住民文化。最後一堂課恰巧是家政課，有兩位吐瓦魯和諾魯的學生就在教室裡煮起了「海島風味餐」，聽說其中一位學生爲了要讓學生品嘗到道地的吐瓦魯菜，還在前一天晚上坐計程車去買椰子。

我很喜歡這一次的合作，也非常期待將來沙發客來上課計畫可以慢慢和各地大學的國際學生合作。之前我們都是以來臺灣旅行的背包客爲主，但隨著發出邀請的學校愈來愈多，背包客並不是一個穩定的來源，部分學校一直沒有機會獲得媒合。然而，臺灣各地的大學其實都有許多來自世界各國的交換學

生或國際學生。儘管這些學生大部分的時候必須待在學校念書，但我相信，絕大部分的學生應該還是希望在離開臺灣之前，能在臺灣各地走走，甚至環島旅行，我想請他們趁著旅行的時候，順道拜訪一個從來不曾出現在旅遊書上的地方，去拜訪當地的學校，和那裡的學生聊聊，我相信，這會是環島旅行中一個深刻的體驗。

以下是虹穎老師的記錄。

上個星期三，我帶著我的六個學生到基隆的成功國中，介紹他們的國家。他們分別來自吐瓦魯、諾魯、索羅門群島和布吉納法索。

中場休息的時候，我在一旁整理檔案，一抬頭忽然發現布國的學生身旁已經圍了一大群孩子。站在最前面的男孩直直地伸出了手，一直瞅著我的學生笑。我的學生一下子看懂了，也伸出手，貼上男孩的手掌。

「哇！他的手眞的好大喔！」男孩忍不住驚呼，一邊咯咯笑了起來。隨後，十幾隻白亮亮的掌心倏地開出一片花園，大家一邊喊著「我也要」，一邊往學生張開的手心擠了過來。

我趕緊按下快門。

那天，孩子們和諾魯人一起摔角，聽索羅門人唱傳統民謠，與吐瓦魯人一起跳舞，看布吉納法索人打非洲鼓，一群人玩得不亦樂乎。

回程的路上，成功國中的老師告訴我，孩子們最開始看到學生的照片時，都有點害怕。問她黑人是不是有體味？他們國家是不是都很窮？她說，她真的很開心看到孩子的轉變。而我的學生也認識了基隆和原住民文化，收到雪片般的感謝卡，還大啖了基隆美食。

回到臺北的時候，他們一一過來握了我的手。

「What a day，老師！」諾魯的女孩笑著對我說。

我時常感謝我的工作將世界帶到我的面前，但那天，我發現自己原來也可以把世界帶進臺灣學生的教室裡，好像我的手牽起了兩個原本可能永遠不會有交集的世界。

學生回饋

● 我印象最深刻的是Sooram，那是我第一次和韓國女生相處，她很漂亮人也很好。另外還有一個日本抱抱男生，還有一個拉小提琴很厲害的姐姐，雖然她是臺灣人。

吳晨羽

● 桑原功一的Free Hug應該是印象最深刻的了，還有可愛的韓國姐姐跳可愛頌，我有解說我們家住哪邊給一個可愛的黑人聽。每次我都覺得很深刻也都很好玩，我看到了很多來自不同國家的人，讓我吸收很多知識，也讓我更懂得尊重來自不同國籍的人，原來很多國外小孩十七、八歲就開始自助旅行了，可以的話，我想要聽韓國人對他們國家的看法，以及解釋韓國的演藝圈跟教育制度。

張芳穎

● 我最有印象的是桑原功一（Koichi Kuwabara），因爲他跟我們一起擁抱，我想問他日本的教育是否和臺灣不一樣。

李育慈

● 最有印象的當然是Andrej啊啊啊，光頭但是頭髮好像長出來了有戴眼鏡，可能是因爲他是我們畢業前遇到的最後一個外國人，在畢業典禮預演那天，和他接觸的時間也多吧。

而且看到英文課都完全不理老師的一群男生想盡辦法要和他溝通，還用youtube解釋神魔之類的遊戲，還要是歐洲版的，因爲歐洲版的他才看得懂，果然神邏輯，比英文老師有用超級超級多倍。

我還告訴他說小提琴是piano啊啊啊崩潰，還好他爲了我的脆弱的心靈沒有表現出疑惑的樣子，只是最後自己發現還是很想撞牆。然後他好像用他們國家語言的比例、還有說英文人口的比例，來告訴我們英文有多重要。

他的飲食方法也很特別，怎麼特別？眞的太久遠我也說不出個所以然了，好像吃生食的樣子吧。我已經挖出我僅剩的記憶回憶了。三年前了，如果上課內容也這麼好回想，統測就不會那麼難了。

張嘉吟

● 我記得我們班有教一個斯洛伐克人唱小星星，希望他們能再來到我們鄉下學校。我們鄉下的學生很少會有與外國人接觸的機會，大部分都要上了北部之後才有機會，就算有了機會也未必能像這樣子與外國人暢談，我發現，跟外國人接觸並不是一件難事。

孫德祐

● 向法國情侶Anais和Quentin學了龍的法語怎麼念，反而不會念龍的英語，而且還學跳舞，他們的頭髮也令人印象深刻，好希望還有機會回國中上這樣的課（、・|・ノ）高中都沒有。

張嘉芮

● 法國人，一對夫妻，兩條辮子，他們沒有結婚戒指，卻有相同的辮子。

張紋瑄

● 我印象最深的是來自美國的Maggie和Katrina，他們是留在學校最久的，也是我聊天聊最多的外國人。

黃若晴

● 和外國人交流，學到了很多，也了解了很多不知道的事情。我最有印象的是Marta，因爲她很有趣也很漂亮。

魏永安

● 我想認識馬來西亞人，聽他們分享一些跟臺灣不一樣的文化，以及他們旅途中會不會很辛苦，最有印象的是，法國人的定情物是頭上的兩條辮子。

楊承諺

● 印象很深的……有個長得很高、皮膚白白、有留鬍子和穿耳洞的，因爲他眞的超級高！我想認識土耳其人，請他們帶土耳其軟糖，我也想向他們介紹臺灣有哪些好吃的。

張鳳芸

● Leah，記得她有彈吉他，那時候哥哥說Leah繞了臺灣快要一圈，臺灣很有熱情和人情味。

另外我想認識瑞士人，希望他們可以分享他們對臺灣的印象，以及臺灣給他們的感覺是什麼，也希望可以分享一些屬於他們的國家的景點以及美食特色；另外如果可以，希望以後去他們國家的時候，如果有機會的話，希望可以相遇，就算只是擦身而過，那感覺就是不一樣。

張珮璇

● 印象最深的是桑原功一，因為他長得很像任賢齊。

吳沛玟

● John他頭毛很少，還有他講的我都聽不懂。我還想認識日本人，想問他們來臺灣印象最深刻的是什麼？他們喜歡臺灣哪些東西？至於收穫的話，會讓我想要學英文吧哈哈

陳冠慈

● 雖然我畢業很久了，但我還是記得那時候你多用心地邀請外國沙發客來和我們聊天，認識各種不同的人事物，不用出國也可以在臺灣環遊世界，眞的很謝謝你啦，雖然最後你還是沒邀請韓國男生。印象最深的當然是韓國女生啊，因為她很親切而且還送專輯給我，另外我想邀請芬蘭人，因為我想知道有關聖誕老公公的事情。

郭雨靈

● 有一個高高的、金色頭髮，有點忘記了，但他是我第一個會想用英文對話的外國人。願意去了解別人國家的特色是一件很不一樣的事情，嘗試與外國人交談能讓自己英文更加厲害。

陳心怡

● 印象最深的是互有一條辮子的法國夫妻，因爲他們說他們沒有戒指而是以辮子做替代，讓我們覺得很新奇也很甜蜜。

許宜蓁

● Marta，因爲她很Nice，而且我還用我的破英文向她要臉書。收穫呢，讓我們學到外國的文化，知道很多外國的東西，不僅在網路上查到的資料。我還想再邀請烏克蘭人，分享他們有趣的生活小事跟在旅遊中常會遇到的一些事。

林旻萱

● 一對外國情侶（烏克蘭的Anna和Bogdan），因為他們身上只有白飯，我們去幫他們買肉燥。我希望有機會可以再聽到這些外國人對我們的鼓勵，聽他們分享自己的人生經歷，感覺每次聽完正面能量都爆表。

呂維謙

● 我覺得可以認識各國的人很棒，想邀請美國人來，希望他可以告訴我們他們那裡的一些習俗和美景。

張永佳

● Ai（越南），用英文互動最多，性格開朗大方，不吝嗇Big smile，都喜歡藝術類的小物品，另外我想邀請日本人來，想知道日本特有的活動及美食。也想問除了知名的壽司拉麵等美食外，還有什麼推薦但我們不知道的美食？

汪君平

● 對越南的Ai印象最深，因爲聊得來，互動也很自然，用英文互動最多。我想邀請日本人，想知道那邊的景點及文化，翻花繩及和服的穿法。

何穰芬

● 日本的桑原功一很可愛、Free hug和其他外國人較不一樣的交流。我想邀請阿拉伯人，聽當地的生活型態、原住民文化，與他們音樂及語言交流。

林芯愉

● Derek，他有學一點中文，膚色與我們不同，可以的話我想邀請剛果人來學校。

高憶萱

● 我想邀請冰島人來跟我分享他們國家的地形，印象比較深刻的是Derek，因爲膚色不一樣。

陳美樺

● 日本的桑原功一，因為他很熱情，在街頭分享擁抱覺得很溫暖。很謝謝你有帶外國人到我們學校讓我們可以認識不同國家的人、事、物，我覺得很有收穫。另外，我想邀請芬蘭人來和我們分享他們的生活和教育制度。

林昱嫺

沙發客來上課計畫使用手冊

關於沙發客來上課計畫

沙發客來上課計畫是一個結合自助旅行以及教育的合作平臺，我們連結了旅人、學校、在地家庭以及地陪。邀請外國人在來臺灣旅遊的期間順道拜訪各地的偏鄉學校，讓他們和學生們分享，同時也協助安排他們在各地的住宿。主要目的是讓當地的學生有機會接觸不一樣文化的人們，同時也讓外國旅人們有機會去拜訪一些臺灣最平凡的地方。

沙發客來上課計畫不會向任何一方收取任何費用，本身也沒有任何經費，整個計畫只依靠著各地朋友自發性的參與。

COUCHSURFERS IN CLASS
Hi! i AM CHRis OR 克里斯, i'M TRAVELLiNG AROUND TAiWAN iN SEARCH OF NEW EXPERiENCE. I LOVE KiDS SO i APPLY TO THE COUCHSURFERS iN CLASS PROJECT ◡̈ iT'S ABOUT BASiCALLY SHARE YOUR EXPERiENCE TO THE CLASS ROOM ◡̈
MY HOST
仁光國小
活力氣質
知書達理
我 是 法國藝術家
wô sHù FAGA iSHujà!
克里斯
FRANCE
TAIWAN
中文!
THERE i CAN PRACTiCE MY CHiNESE, TELL STORiES, LAUGH AND PLAY WiTH THEM... i WANT THEM TO DREAM ABOUT THE WORLD, i KNOW SCHOOL CAN BE BORiNG SOMETiMES SO i WANT THEM TO HAVE A SPECiAL DAY! i THiNK THiS SHARiNG CAN OPEN THiER MiND, GOALS AND DREAMS ◡̈
克里斯
克里斯
TAIWAN
FOR ME, THiS PROJECT iS TO BE PART OF SOMETHiNG MEANiNGFULL, TO HAVE NEW FRiENDS AND BE A BETTER PERSON ◡̈
克里斯 2017

為什麼我們要邀請沙發客們到學校？

對臺灣學生

一、讓學生有學語言的動機

臺灣的學生認爲外語很難、學不起來，並不是因爲腦袋不好、老師教得不好或是課上得不夠多，主要原因就只是因爲他們完全沒有動機，帶外國人到學校裡和他們做朋友，能讓學生比較有動機了解一個不熟悉的語言——因爲想要和這個外國朋友溝通。

二、讓學生對世界感興趣

當有一個外國朋友在眼前，學生們會想要了解這個外國朋友，會想要知道他們來自什麼樣的國家，他們才會漸漸地了解這世界上的其他角落，與自己是眞的有所連結的。

三、讓學生有動力了解自己

當外國朋友介紹了自己的國家以後，學生們也會覺得自己應該要向對方介紹我們自己的東西，到那個時候，他們才會發現自己有必要了解周遭那些習以爲常、但不曾重視的文化。

四、讓學生對自己產生認同

臺灣學生從小到大都受到來自四面八方的否定——學了好幾年英文，卻永遠活在擔心寫一句英文會被抓幾個錯、扣幾分、打幾下的陰影中。當用自己認爲漏洞百出、不堪入耳的英文，介紹自己或是對外國朋友介紹臺灣，而外國朋友表示聽得懂的時候，那是臺灣學生從小到大都很難有的體驗。

五、讓學生有機會思考自己的將來

大部分的臺灣學生都認為他們的人生就只有讀書、考試、工作、賺錢這一條路，我們想讓各式各樣的人們進到學校，和學生們分享他們的工作與生活，讓學生知道各式各樣的人生可能性，讓他們去思考，也許他們最後還是回到原本的選擇，但至少那是他們思考後認為自己應該走的路。

對外國旅人

一、讓外國旅人有機會認識臺灣的教育

世界各國的人都過著不一樣的生活，但是絕大部分的人都曾在學校當過學生，所以通常會對不同國家的教育環境非常感興趣。

二、讓外國旅人了解平常看不見的臺灣

外國人來到臺灣總是被我們帶去太魯閣、日月潭這些美麗的風景區，或是臺北、高雄這些繁華的大城市，但這個計畫想要讓他們看的，是一直都在我們身旁、但我們卻鮮少注意到的地方：市井小民平常吃的東西、平常的生活，對許多旅人來說，那才是他們眞正想體驗的文化。

三、提供旅人對社會的另外一種意義

談到人口老化的偏鄉，人們想到的總是更多開發、建設或資金，以吸引更多的觀光與消費——可是往往只換來更多破壞。眞的只能這樣嗎？讓來臺灣旅行的外國旅人在各地都有機會體驗當地的生活，也讓各地的學生和居民有機會接觸不同的世界，一邊吸收不同的想法，一邊藉著對外國人分享，鞏固自己的在地文化。

給老師們的建議

當我還是替代役的時候，除了把外國人帶來學校和學生分享外，我其實不能做太多的事情。可以的話，我希望「沙發客來上課」計畫不只是一堂課就完結的事情，事前和學生一起準備，事後與學生們一起討論，我覺得可以讓這件事情變得更有意義，以下是一些我想與老師們分享的建議：

一、徵詢學生的意見。如果學生沒有興趣的話，不要硬帶外國人進到班上。

二、提前向學生介紹即將到來的外國人，可以帶著學生初步認識那個國家，一起準備問題。

三、鼓勵學生發問，但是沒必要強制，因爲很多學生真的不知道可以問什麼問題；也可以適度由老師提問，學生們其實也蠻喜歡聽的。

四、鼓勵學生用英文說，說不出來也可以用寫的，寫不出來還可以用比的，比不出來，讓學生講中文、老師幫忙翻譯也沒關係。

五、試著鼓勵學生與外國人一對一、面對面的互動，簡簡單單握手自我介紹就很好了。

六、如果能有一起參加的活動也很棒，像是一起打球、畫畫或是請學生教外國人中文。

七、試著讓學生準備可以介紹給外國人的東西。

八、下課時，鼓勵有興趣的學生和外國人聊天，此時的互動效果往往比在課堂上好。

九、多拍幾張照，活動結束後歡迎寫篇心得與我們分享。可以記錄沙發客說的故事、學生們的回饋或老師自己的觀察。

學校方面常見的Q&A

讓陌生人進到校園會不會有安全上的疑慮？

任何人都無法保證絕對不可能，所以我們很重視面談沙發客這一塊。所有我們送往學校的沙發客都是由我或我信任的朋友親自面談過且取得我們信任的人。

需要支付費用嗎？

完全不需要。「沙發客來上課」不是企業、也不是慈善團體，我們只是一群覺得這件事好玩、而且應該做而做的夥伴。也因此，我們能提供的只是機會，只能協助媒合外國人到學校，但無法保證一定會有外國人過去。

需要提供沙發客們什麼？

如果學校方便，能夠代爲處理三餐、交通或住宿，那當然很好。這些不是必須，只要說明能提供的項目，沙發客有意願過來就OK。也不用特地帶他們去吃好料的，營養午餐就很好了。

會不會耽誤到正課？

我們以「盡可能不爲任何一方帶來困擾」爲最優先的原則，如果今天老師另有安排，或是有進度要趕的話，那就直說不方便接待即可。我們推薦沙發客過去，也不代表學校就一定要接待。

任何一間學校都可以參加嗎？

沒有絕對的條件限制，不過因為目前的人力負荷以及沙發客的數量沒有那麼多，所以原則上還是偏向維持在一個縣市一間學校。如果出現兩間以上的學校，會以相對偏鄉或是資源相對缺乏的學校爲優先協助的對象；至於位於都市或本身配有外師的學校，如果有興趣，其實可以試著自己邀請。我們眞正希望的，其實是讓各地的老師都有能力自己邀請外國人去學校，不再需要依賴這個計畫。透過閱讀我們的故事或是邀請我去與老師們分享，可以掌握需要的資訊。

常用問題集

多數我們帶去學校的沙發客本身並不是老師，沒有辦法自己講完整堂課，而臺灣學生在課堂上也少有發問的機會，常常發生學生們和沙發客大眼瞪小眼的狀況。以下是我們準備的問題集，可以讓學生們透過問題集發問，這些問題我們也會事前提供給沙發客，讓他們可以有所準備。

- Where are you from? Which city?（你來自哪裡？哪個城市？）
- What is your plan in Taiwan?（你在臺灣的計畫爲何？）
- How long will you stay in Taiwan?（你預計在臺灣待多久？）
- How do you feel about Taiwan?（你覺得臺灣如何？）
- What do you study?（你是學什麼的？）
- What is the difference between the school in Taiwan and your country?（臺灣的學校有什麼不一樣的嗎？）
- What is your favorite Taiwanese food?（你最喜歡的臺灣食物是什麼？）
- What do you usually eat in your country?（你們國家主要吃什麼？）
- What holiday do you celebrate?（你們國家有什麼節日嗎？）
- Can you sing us a children's rhyme?（你可以唱一首兒歌嗎？）
- Are there any interesting myths or stories in your country?（你們國家有什麼有趣的傳說或故事？）

- Is there anything you can't do in your country?（在你們國家有什麼事情是不能做的？）
- What do you usually do after school?（你們放學後都做些什麼？）
- How to say ______ in your language?（______用你們的語言要怎麼說？）
- What is your plan in your future?（你未來有什麼計畫？）
- What is the weirdest thing you have done?（你做過最奇怪的事情是什麼？）
- Have you been in danger during your trip?（你有遇過什麼危險嗎？）
- What is the happiest time of your life?（你一生中最開心的時期是什麼時候？）
- What is the most important thing to you?（對你來說，最重要的事情是什麼？）
- What would you do if you were very poor or very rich?（如果你很貧窮或富有，你會做些什麼？）

沙發客來上課的未來

沙發客來上課計畫運作到現在，從原本只有一個替代役在大埤國中拉著主任、老師們胡鬧，到如今成長爲一個連結臺灣各地上百位的地陪、接待家庭以及學校老師的平臺，持續媒合外國旅人們到十幾所散落在臺灣各縣市的國中小。偶爾也會面臨一些質疑，但更多的時候，人們只是好奇，沙發客來上課到底是什麼團體？我們的資金從哪裡來？

我們不是企業，也不是非營利組織，這個計畫本身沒有任何經費。即便我們真的可以試著向學校及外國旅人們收取仲介費用，讓整個計畫能運作得更穩定，也更有規模，但我擔心因此扭曲了計畫的初衷，我希望能讓這個計畫維持在一個「沒有交易關係」的狀態。

「沙發客來上課其實是一個用好玩來運作的計畫。」我總是這樣告訴其他人。五十個外國人，說多不多、說少也不少，而這一切都依賴著各地夥伴們因著好玩而不求回報的付出。外國旅人因爲覺得好玩而決定拜訪偏鄉學校，學校老師及接待家庭因爲覺得好玩而接待他們，我也不想要求學生們必須要有什麼成果或回饋，只要覺得好玩就好。

當然，即便如此，我們也還是面臨著一些問題與挑戰。

第一個問題在於外國旅人、地陪、接待家庭與接待學校之間的連繫，仍強烈依賴著我這個中間人。比如說，地陪認識一個想去學校的外國人，告訴我之後，我與學校連絡、介紹這個外國人；學校回覆我OK，我便再問學校附近的接待家庭，最後通知地陪和外國朋友去哪間學校、和哪個接待家庭接洽。而這一切繁複的流程其實可以簡化——如果地陪認識附近的學校，當有想推薦的外國人時，可以直接與學校聯絡；如果學校認識周圍的接待家庭，需要接待到外國人時，可以自行與接待家庭連繫。如此一來，這個計畫就可以漸漸自行運作起來。

隨著沙發客來上課的人力網路愈來愈大，申請的學校就愈來愈多，第二個比較麻煩的問題就在於提出申請的學校太多，但是能被安排至學校的外國人沒有那麼多，也因此漸漸造成城鄉差距。許多外國旅人去完比較都市的學校後，就不會想去比較鄉下的學校，這絕對不是我希望的。

曾經有一次，一間私立學校的家長會長邀請我到他們家裡，希望能夠讓沙發客到她孩子的班上，也非常樂意當接待家庭。進到她家後，我才發現我身處在一個異常豪華的別墅社區內，簡短談了一段時間，她還是擔心如果遇到有問題的沙發客，誰要負責，因此強烈要求我要將爲沙發客來上課成立一個組織或公司，這樣才有辦法說服其他家長與董事。

「他們都是一群有資源的人，你要讓他們放心，他們才會把資源給你。」她非常誠懇地和我談完，就穿上外套、準備出門開會了。離開之前，她請她兒子帶我去吃個午餐再走。那位讀國三的小男生說他不餓，但會長媽媽拿了兩千塊，說隨便去街角對面的牛排館吃一吃就好了。那間所謂「隨便吃一吃」的牛排館，是我們小時候會爲了吃沙拉吧而餓一整天專程去吃的大餐。

那個弟弟最後帶我到附近的小咖啡廳吃簡餐，自己點了鬆餅，看著我吃義大利麵。我和他分享一個個搭便車的故事，他則說了去國外遊學的經驗。以這個年紀的學生來說，他的閱歷眞的非常豐富，也能夠很完整地表達自己的想法，聊到最後，弟弟突然沒頭沒尾地說：「我覺得你不用和我們學校合作。我們資源已經很多了，不如去找我那些國小同學們現在念的學校，感覺起來那些地方比較需要你們的活動。」我聽到的當下，被這個國中小男生感動到有點鼻酸。

「我想做的不是一間企業。我不想賺錢，也不想壟斷市場，或者說，我其實根本希望有一天，我所做的事情將不再有存在的必要。對我來說，那才叫作成功。」

「沙發客來上課」計畫的外國旅人，和一般外師或國際志工還是不一樣。論教學成果，一個非英文母語的外國旅人比不上一個有正式資格的外籍老師；論影響深度，只拜訪一天、兩天的沙發客，比不上一次來一到兩個月的國際志工。但我一直以來都不想要拿「沙發客來上課」和其他計畫比較，對我來說，這些就只是不一樣而已，並沒有哪個比較好、哪個比較不好。

當然，有些人是看上了這個活動不用錢、也不用寫計畫才被吸引；但我會說，在我們有足夠的合作外國旅人之前，我還是會以沒有外師與國際志工、而且資源相對缺乏的學校爲優先媒合的對象。至於有相對掌握到資源的學校，雖然我們不會主動媒合，仍然非常希望能夠將這個計畫的概念分享給他們，因爲這其實一點都不難。許多本身有在玩沙發衝浪的老師們早就開始了——他們有自己的沙發衝浪帳號，會自己接待外國旅人，邀請那些來借宿的沙發客白天到學校和學生分享，許多人甚至早在我開始之前就在做了。儘管我們沒辦法送沙發客到每一間有興趣的學校，但我們的故事可以，希望沙發客來上課的故事能夠帶給各地老師一點點正向的啓發。

從上面這兩個問題及我們的解決方法就可以看得出來：我這個始作俑者正極盡所能地想辦法讓自己退休。只有當沙發客來上課不再需要我的時候，這個計畫才可以算是成功，而我也可以去做其他事情了。

接待這麼多外國人到臺灣各地的學校分享，也完成了之前在國外時給自己的功課，在臺灣各地乖乖跑了兩年，雖然還是有很多角落沒去過，也還是有很多東西還沒學，但我想，多多少少已經比兩年前充實多了。

邀請了數十位外國旅人到臺灣的學校來，我想也是時候，讓自己成爲一個外國旅人，試看看有沒有辦法到世界各國的學校去分享臺灣的故事了。我想到越南、想到柬埔寨、想到尼泊爾、伊朗、阿富汗、土耳其和歐洲，一路拜訪各地的學校，分享我們邀請外國人到臺灣的點滴，也順便了解世界各國的教育環境。也許，透過這一路上的邂逅，會有更多人因此來到臺灣；也許，我走過的點點足跡，將來也會成爲一個個可以邀請旅人們和當地學生分享的據點；也許，當世界各地的人們有更多機會接觸外面世界的時候，人們就有更多機會互相了解，化解矛盾與偏見；也許，這才是旅人眞正的天職。

「我們生命中所遇到的每一個人，身上都帶著一個要給我們的訊息，而旅人的天職，並不在於觀光或消費，而在於將背負在身上的訊息，好好地帶到世界上各個角落去。」

下課後：新夢 See More

如果不是學校老師，能爲教育做什麼？

離開學校之後，我開始在臺灣各地環島，有時候在有機農場打雜，有時候幫忙自然建築的協力造屋，有時候也到學校或是部落書屋，幫忙課輔或是教一些簡單英文，同時，也開始被邀請去各地的學校分享。我也許沒辦法帶外國人去每一所學校，但是我可以帶著他們的故事到各地與學生或老師分享。

然而，走了一圈下來，還是有一些問題出現——學校太多了，根本跑不完。同時，我們也發現，臺灣每一所學校都需要舉辦各式各樣的講座：生命教育、環境教育、生涯規劃等。這些活動都需要講師，但好的講師通常都住在大城市，他們會覺得自己接臺北或是附近地區的講座就好了，幹嘛特地花上三、四個小時坐火車或高鐵，轉車到偏鄉學校，分享兩個小時後，再花好幾個小時回來？這麼曲折的路程，有時就算有車馬費，講師們的意願依舊不高。

偏鄉的學校資源已經相對缺乏了，辦講座的成本又因此比都市學校高。

不過，當我們說偏鄉的時候，指的不是那種坐落在地處偏遠、人口稀少、風景優美的小校，這些「明星偏鄉」長久以來已經承受了太多來自各界的強勢善意，而且不斷湧入資金、書籍、電腦和食物，這種贈送、感謝、拍照、閃人的公益善心，不一定能眞的幫到學生。書籍不斷湧入，但學生不看，就是在那邊堆著；有了電腦但沒有人教，學生就是拿來上網玩遊戲；食物則是最可怕的，人們捐了各式各樣的點心餅乾，因爲不斷湧入，讓有些學生不覺得應該要珍惜食物，有些學生則被垃圾食物毀掉了健康。三餐只能夠吃這些別人捐助的垃圾食物，讓最弱勢的學生成爲肥胖風險最高的族群，這是非常荒謬的事情。

我們指的偏鄉其實是那些不在山區、也不屬於市區，鮮少受到關注或是缺乏資源的學校。缺乏資源指的並不是缺乏食物、電腦或是資金。我們指的資源，是那些能夠啓發學生對生命或對學習熱忱的資源，這些資源可能是一本書、一位老師或是一位能夠影響學生的人。

當我們說能夠影響學生的人，我們指的並不一定是那些在政治、經濟或是學術上功成名就的大人物，而是那些曾經和學生們一樣對生命感到疑惑或迷惘的青年朋友們；還有在現今的社會現實挑戰下，仍努力實踐理想並走出自己道路的小人物們。

我們都曾懵懵懂懂，在校園內爲人生徬徨著；我們也許有各自專精的領域，但其實不完全清楚自己學那些東西的用意。後來，我們之中，有些人開始旅行、到國外工作；有些人創業，用自己的方式在這個社會上創造自己的人生。我們漸漸發現，從課本裡學來的東西和在學校之外所學到的，根本完全不能比。

我們學到了許多眞心希望自己在學生時期就能知道的事。

同時，我們也逐漸意識到，各行各業都有各自的問題，而這些問題不是各自獨立、無關。所有的問題其實盤根錯節，互相牽連，推到最源頭，許多人都會同意，「教育」可能是所有問題共通的核心。

於是，二〇一六年，我們和一群夥伴成立了臺灣新夢See More協會，募集並培訓各個帶著故事的小人物們，讓他們不只成爲一位講師，帶著自己的故事到臺灣各地的偏鄉國中影響學生們；更在講座後留下來陪伴學生，與學生們對話，幫助學生找到力量，讓他們有勇氣去實現屬於自己的未來。

我的故事也許能影響到某些學生，但我也確定不可能影響到全部，正因如此，我們需要更多不一樣的人，讓各式各樣的學生都有機會遇到能爲自己帶來改變的故事。

路一直以來都不只有一條，我們並不是要給學生看一條最好的路，而是想讓學生看看各式各樣的路、各式各樣的生活方式，好好思考，做出自己的選擇，走一條最適合自己的路。

他們的未來其實有著各式各樣的可能性。

講座邀約須知

不好意思，但我真的不是在客氣

最近一、兩年來，因爲不斷環島，不斷地跑學校、跑活動或是辦講座，有非常多機會不斷接觸到各單位和新朋友，人們總是非常和善地對待我，讓我每次都受寵若驚，我其實完全沒想過要想寫這方面的東西。（竟然這麼大牌！）但我眞的太常收到人們讓我爲難的好意了，我不是在客氣，是眞的不需要，也不希望人們因爲我而去做這些事情。

當然，我也知道辦活動常有許多不得不的苦衷，比如說長官就是要和感謝狀拍照、做一份成果，或是要配合經費核銷，所以我不是要強硬地要求所有人遵守這些規矩，但有些眞的並不是那麼必要。因此如果狀況許可的話，以下幾點是我希望能夠避免的：

- 請不要幫我準備瓶裝水或杯水：我會回絕掉所有的瓶裝水或杯水，但常有許多人非常好心，拿出水杯就一秒插上吸管遞給我。我自己有帶水壺，可以告訴我飲水機在哪裡就好。
- 請不要幫我訂飲料：我幾乎每次都會遇到有人很熱情地請我喝手搖飲或外帶咖啡。我完全不能代謝咖啡因，但依我的個性，如果送不掉的話，我一定會硬著頭皮喝光光，然後，我百分之百會失眠到早上四、五點……另外，我就是覺得飲料要裝在玻璃杯裡才好喝。
- 請不要幫我訂便當：我的意思是，可以的話，不要訂我的那一份，就當作我是非常挑食的傢伙，我不想吃肉但也不喜歡吃素料，我非常樂意吃自己帶的水果或是乾脆不吃都沒關係。
- 請不要把我的簡報檔印出來給聽眾：我的簡報沒有版權，任何人要，都可以直接拿檔案，沒必要印出來。裡面其實也沒什麼內容，幾乎都只有照片而已。
- 請不要送我感謝狀：我連畢業證書都沒有用過。我不是不領情，只是想事先告訴你，這張感謝狀的未來會和我所有的畢業證書或獎狀一樣，好好地存放在一個我根本沒打算再打開來的櫃子裡頭，而我相信那張紙值得更好的用途。

● 請不要因為上述幾點而感到任何壓力：拜託，千萬不要因為我不喝飲料、不吃便當，就不敢在我面前用一次性產品，或是搞得自己必須躲躲藏藏的，我完全沒有想要干涉任何人的意思。

另外，以下則是我覺得人們可能會不好意思，但真的可以嘗試看看的：

● 把吃不完的便當給我：我每次參加研習或是研討會，便當永遠都會有剩的，雖然我不會想要主動去吃，但是有多的、手上的菜色有不喜歡吃的或是吃不完，而可能會丟掉的話，就給我吧！

● 把我撿回家：之前在臺南分享採自由定價，結束後我收到一張小卡，竟然是一張他家客房的招待券。雖然，我絕大部分的時候都會先找好住宿，不過我也很樂意認識新朋友。

● 歡迎把送我的禮物或是裱框收回去：我真的完全不介意主辦單位把獎狀的框框或是

禮物拿回去，回收再送給別人。請體諒我的收納空間就只有身後的大背包，你不會希望一個旅人身上背著十來個裱框和禮物到處旅行吧……

● 給我個擁抱：比起感謝函或是金錢，一個短短幾秒的擁抱其實更讓我感動，但我同時也是個超級悶騷的傢伙，我喜歡Free hug的活動，但我其實根本沒種。如果你覺得我分享的東西讓你有所收穫的話，歡迎過來詢問能不能和我擁抱。

人師系列　007

沙發客來上課——把世界帶進教室

作　者—楊宗翰
主　編—邱憶伶
責任編輯—陳劭頤
責任企畫—葉蘭芳
封面設計—江宏達
內頁設計—楊珮琪
插　畫—Chris
董事長
總經理—趙政岷
總編輯—李采洪
出版者—時報文化出版企業股份有限公司
一〇八〇三台北市和平西路三段二四〇號三樓
發行專線—（〇二）二三〇六—六八四二
讀者服務專線—〇八〇〇—二三一—七〇五
（〇二）二三〇四—七一〇三
讀者服務傳真—（〇二）二三〇四—六八五八
郵撥—一九三四四七二四時報文化出版公司
信箱—台北郵政七九～九九信箱
時報悅讀網—http://www.readingtimes.com.tw
電子郵件信箱—newstudy@readingtimes.com.tw
時報出版愛讀者粉絲團—http://www.facebook.com/readingtimes.2
法律顧問—理律法律事務所　陳長文律師、李念祖律師
印　刷—華展印刷有限公司
初版一刷—二〇一七年五月十九日
定　價—新台幣三五〇元

時報文化出版公司成立於一九七五年，
並於一九九九年股票上櫃公開發行，於二〇〇八年脫離中時集團非屬旺中，
以「尊重智慧與創意的文化事業」為信念。

國家圖書館出版品預行編目（CIP）資料

沙發客來上課：把世界帶進教室 / 楊宗翰著. -- 初版.
-- 臺北市：時報文化, 2017.05
面；　公分. --（人師系列；7）

ISBN 978-957-13-6998-3（平裝）

1. 人文地理 2. 世界地理 3. 通俗作品

718.5　　106006253

ISBN 978-957-13-6998-3
Printed in Taiwan